学点用得上的
理财常识

XUE DIAN YONG DE SHANG DE
LICAI CHANGSHI

添 泉◎著

中国华侨出版社

图书在版编目（CIP）数据

学点用得上的理财常识 / 添泉著 . —北京：中国华侨出版社，2016.12
　ISBN 978-7-5113-6617-7

Ⅰ.①学… Ⅱ.①添… Ⅲ.①私人投资 – 基本知识 Ⅳ.① F830.59

中国版本图书馆 CIP 数据核字（2016）第 306474 号

学点用得上的理财常识

著　　者 / 添　泉
责任编辑 / 文　蕾
责任校对 / 高晓华
经　　销 / 新华书店
开　　本 / 670 毫米 × 960 毫米　1/16　印张 /18　字数 /235 千字
印　　刷 / 三河市华润印刷有限公司
版　　次 / 2017 年 5 月第 1 版　2017 年 5 月第 1 次印刷
书　　号 / ISBN 978-7-5113-6617-7
定　　价 / 36.00 元

中国华侨出版社　北京市朝阳区静安里 26 号通成达大厦 3 层　邮编：100028
法律顾问：陈鹰律师事务所
编辑部：（010）64443056　　64443979
发行部：（010）64443051　　传真：（010）64439708
网　址：www.oveaschin.com
E-mail：oveaschin@sina.com

前言

生活中不乏这样的现象：同样是工薪族，起点一致，几年后的境遇却千差万别；有些人是越忙越穷，而有些人却可以有闲又有钱；有的人很勤劳却不富有，有的人收入很高却依旧喊穷……如何对待财富，是每个人一生都要思考的问题。现如今，金钱对于一个人的意义毋庸置疑。没钱不可耻，但不可否认的是，贫穷在第一程度上降低了生活质量，限制了自我发展。人不一定要成为百万富翁，但一定要实现财务自由，别让没钱成为你人生的阻碍。

很多人认为，钱是挣出来的。在财富经营初期，的确如此，但当你有了一定的本金之后，经营财富的方式就要从"挣"变为"理"，理财才是财富积累的正确打开方式，也是产生差距的根本缘由。

很多人的理财观存在着误区，比如，投资理财是"有财人"的活动，其实不然，任何财富的积累都是一个由小变大的过程，以钱生钱才是理财的真谛；再比如，投资理财是专业人士才能干的事，运气很重要，其实投资理财并不需要懂太多，基础的常识已经足够个人和家庭的理财活动，投资理财是有法可循的，不单纯靠运气，更不能只靠勇气。

每个人都可以成为理财达人。本书是一本实用和贴近当下的理财工具书，为初涉投资理财领域的人士量身打造，从投资定律、财富积累技巧、投资理财工具、规避风险四个方面出发，以通俗易懂的语言，清晰、全面地介绍了理财的途径与方法，内容与生活息息相关，囊括了储蓄、股票、基金、债券等多个层面，帮助读者重新建立正确的理财观，走出理财误区，是一本真正读得懂、学得会、用得上的理财实践读本。

俗话说：你不理财，财不理你。想要实现财务自由的梦想，就要从现在开始，学习理财、实践理财。理财是一场持久战，带着理性与耐性上路，你就会成功。

目录

第一篇　从不懂到入门：
零基础必知的投资理财定律

第一章 创造惊人财富的秘密
——复利效应

复利如何实现财富变身　/　003
复利"72法则"的简单计算与生活应用　/　006

第二章 降低投资风险的定律
——投资100法则

理财跟着年龄走　/　010
投资新手要懂得分散投资　/　013
选择最适合自己的投资组合方式　/　017

第三章 选择投资产品的依据
——投资报酬率

投资报酬率能有效分析你的理财现状　/　021
如何通过选择理财方式提升投资回报　/　025

第二篇　会挣钱不如会理财：
工薪族必知的财富积累技巧

第一章　重塑理财观

经济独立才能做主人生　　　　　　　　　／　031
理财不只理大财，小钱同样很重要　　　　／　034
理财是现代女性的必修课　　　　　　　　／　037
甩掉观念包袱，才能轻松上路　　　　　　／　041
建立正确的投资思路　　　　　　　　　　／　043
走出理财误区　　　　　　　　　　　　　／　045

第二章　做好人生不同阶段的理财规划

不同人生阶段，理财重点不同　　　　　　／　049
建立资产明细表，理清财务现状　　　　　／　052
起步期年轻人的理财三准则　　　　　　　／　053
如何通过兼职实现第二收入　　　　　　　／　056
婚后女性如何用好"私房钱"　　　　　　／　059

第三章　工薪阶层攒出理财第一桶金

不攒钱的人，无财可理　　　　　　　　　／　061
工资分割：搞清楚钱是从哪里偷偷溜走的　／　063

记账与做预算 / 065
薪水致富三步骤 / 067

第四章 会花钱也是一种理财

节日是消费"重灾区",做好节后理财 / 069
世界那么大,如何旅行舒心又省钱 / 072
逛超市用点"小心机" / 077
团购、DIY、预定和二手货,完善你的消费计划 / 079
"购物狂"如何开源节流 / 082

第三篇 有钱又有闲:
投资族必知的投资理财工具

第一章 储蓄:重在聚沙成塔

存钱,为理财准备第一桶金 / 087
储蓄也能让钱包尽快充实 / 089
银行提供哪些基本的储蓄种类 / 092
何为通知存款 / 096
了解存款计息,组合存款方式 / 098
小钱记得存入银行 / 101

合理利用转存 / 102
改变收支管理方式：先储蓄，后消费 / 105
自动划转，有助于实现资金积累 / 108
培养孩子的自主存储意识 / 111

第二章　股票：
收益大、风险高的投资

炒股难，难在哪里 / 115
在实战中磨炼看盘技巧 / 117
选股前，综合分析不可少 / 119
鸡蛋可以放在同一个篮子里 / 121
跟紧大庄家 / 123
短线操作时看准涨跌 / 127
新股——"风险小，回报高"的投资 / 129
投股如何让自己心里有底 / 131
股票操盘应跳出的九大误区 / 133

第三章　国债：
稳健投资者的首选

国债，安全性较高的投资渠道 / 136
投资前，做好提前考察 / 139
把握购买债券的最佳时机 / 141
挑选国债有技巧 / 143

风险小，也要注意风险 / 145
债券投资的忌宜法则 / 148

第四章 基金：
适合长期持有的理财工具

新手入门：什么是开放式基金 / 151
降低基金风险该从何处入手 / 154
选"基"，基金收益的核心环节 / 158
避开误区，购买基金不盲目 / 161
女性投资基金的小窍门 / 164
教育基金投资是长远投资 / 167

第五章 保险：
为未来提供保障

保险，有保障的理财选择 / 170
保险降低理财风险 / 172
女性保险：为女性提供特别保护 / 174
医疗保险：解决看病难 / 177
人寿保险：找人为意外埋单 / 179
为财产投保，合适最重要 / 180
为孩子投保，小投资大保障 / 182
为家庭投保，提前合理规划 / 185
不同生命阶段，不同保险计划 / 188

避免陷入投保误区 / 191
投保索赔：如何告别索赔难 / 195

第六章 收藏：兼顾艺术与财富的投资

收藏品投资，从爱好变成理财 / 198
什么影响着收藏品的价值 / 201
市场瞬息万变，别错过时机 / 203
书画投资：眼光放长远 / 205
古玩投资：懂规则便不神秘 / 207
邮票投资：注重品相，量力而为 / 209
黄金投资：抗通胀的佳选 / 213
珠宝投资：注重甄别与保养 / 215
收藏投资有风险，不小心便满盘皆输 / 219
止损，艺术品投资的风险规避 / 221

第四篇 无风险不投资：投资理财要了解的风险学

第一章 投资理财，风险与收益并存

风险性、收益性、流动性——投资三要素 / 227
拿得起放不下，就不要投资 / 230
投资路不好走，做好万全准备 / 233

第二章　小心信用卡成为生活的负累

"负翁"是如何养成的 / 238
循环利息与滞纳金，持卡的最大威胁 / 241
玩转信用卡要清楚"游戏规则" / 243
多张信用卡，如何刷更实惠 / 246
靠信用卡积分理财，不现实 / 248
信用卡还款有学问 / 250

第三章　别因房子毁了精致生活

"房奴"是如何形成的 / 252
购房前根据资金状况算好账 / 254
买房有时机，别着急出手 / 256
装修，可以料好又省钱 / 260

第四章　如何投资，才能减少购房风险

活用公积金 / 263
根据综合情况核算购房成本 / 265
不追求完美，追求性价比 / 268
月供族巧妙应对贷款利率上调 / 271
购房时如何有效砍价 / 273

第一篇
从不懂到入门：
零基础必知的投资理财定律

世界著名的投资大师巴菲特曾经说过：投资是有捷径的。所谓的捷径就是指能够通过复杂的现象看到事物的本质，找出最适合自己的理财方式，规避风险，提高回报率，这样，就会在理财这条道路上越走越顺，早日实现财务自由的梦想。

第一章
创造惊人财富的秘密——复利效应

在理财领域,有一个叫作复利的词创造了太多的奇迹,有人把它称为世上最好的挣钱方式,因为它能够让钱生钱。学会和掌握复利的使用方法,将其应用在投资领域中,就能够很快地通过复利效应的魔力,为你带来一笔超出你想象的资金,通过复利,能够更快地实现你财务自由的梦想。

复利如何实现财富变身

爱因斯坦曾说过,复利是宇宙中最强大的力量之一。

1923年,一个名叫山姆的普通美国人出生了。由于山姆的出生,家里的开销明显增加,于是山姆的父母决定将原本用来买车的800美元拿去投资,以便应付山姆长大后的各种费用。但是,由于他们没有专业的投资知识和手段,也不知道如何选择股票,所以只选择了一种相对稳定的投资品种——美国中小企业发展指数基金。

和不少中小投资者一样,他们并没有特别留意这个数额不大的投资,渐渐地,也就把这件事忘了。直到山姆76岁的时候,他才发现自己的账户上居然有 3,842,400 美元！山姆俨然已经成了一名百万富翁。

800 美元如何变成了 384 万多美元？这完全归功于"复利"的魔力！

据说，爱因斯坦也曾说过，复利是宇宙中最强大的力量之一，因此，想要投资理财的年轻人，必须知道复利，即"利生利""利滚利"：当一笔存款或者投资获得回报之后，再连本带利进行新一轮投资，这样不断循环，就是复利。复利是一种利息计算方式，也是钱生钱的秘密。这是一种投资收益的重要方式，更是创造亿万富翁的神奇力量。

如果从投资角度来看，以复利计算的投资报酬效果让人难以置信。很多人都知道复利计算的公式：本利＝本金×（1＋利率）期数。采用复利的方式来投资，最后的报酬是每期报酬率加上本金后，不断相乘的结果，期数越多（即越早开始），获利就越大。假如投入 1 万元，每一年收益率能达到 28%，57 年后，复利所得为 129 亿元；若是单利，28% 的收益率，57 年的时间只能带来 16.96 万元。这就是复利和单利的巨大差距。

在复利模式下，坚持一项投资的时间越长，回报就越高。或许在最初阶段，得到的回报不够理想，但只要将这些利润继续进行投资，你的资金就如同滚雪球，总会越滚越大。经过年复一年的积累，你的资金就可以登上一个新台阶，这时候你已经在新的层次上进行自己的投资了，你每年的资金回报也已远远超出了最初的投资。

假定同龄人小钱和小李都以定期定额的方式每年存入 2000 元用于投资基金，假定基金投资的年平均回报率为 9%。不同的是，小钱是从 22 岁就开始投资，他连续定投 9 年后就停止投资，全部累计投资金额为 1.8 万元；小李从 31 岁才开始投资，比小钱晚 9 年，并且不间断地定投了30年，直到60岁，累计投入金额最终达6万元。等小钱和小李到了60岁的时候，你猜，谁的账户余额更多？

等到两人60岁的时候，小钱账户里的余额有358614元，尽管小李投入的累计本金更大，他的余额只有297150元。

由此不难看出时间复利的作用，其实这就是我们通常所说的金钱的时间价值。只要长期持有，时间越久，复利效果将会越明显。同时，还要记住一条原则：不要间断。间断投资，会让你的投资收效大打折扣。

另外，复利的巨大作用也会从个人的操作水平中体现出来。为了抵御市场风险，实现赢利，你必须研究市场信息，积累相关的知识和经验，掌握一定的投资技巧。在这个过程中，需要克服一些困难，当然，在这一个过程中，你也会养成一定的思维和行为习惯。接下来，过去的知识、经验和习惯就会自然地发挥作用，使你在原来的基础上得提高。这样坚持下来，你会越来越善于管理自己的资产，进行更熟练的投资。投资理财能力的持续增长，会让你有可能保持甚至提高相应的投资收益率。

这个世界上，每一个理财致富的人都比一般人多了些坚持、自律和耐心。在复利积累的初期，可能往往看不到明显的收益，这经常使很多心浮气躁的年轻人失去耐心，但一旦冲破了冗长的积累阶段，复利的累积将带给你无限的惊喜。

人生的价值无法用复利的计算方法得出结果，然而人生与复利投资的意义是一样的。随着时间的推移，同样的起点能够造就不同的人生，在个人成就上，不同的人之间也会有难以衡量的距离。人们在年轻时起点相当，理想也相差不多，然而一生的成就却差之千里。有些人成就斐然，而有些人却一生平庸、碌碌无为，这其实就是"复利"在人生历程中的体现，因此，不管是投资还是人生，从一开始我们都要持之以恒，只有这样才能够得到最好的回报。

复利"72法则"的简单计算与生活应用

"复利法则"的简单应用，"72法则"的巧妙计算。

在投资中，复利是个很好的增加财富的方式，但在生活中，我们不可能把复利表随时带在身边，如果遇到要计算复利报酬的时候，就会显得手足无措。别担心，在经济学家中，往往是用简单的"72法则"的巧妙方式来计算。

许多经济学家在投资中学到的第一个数字就是72，也就是"72法则"，所以他们在演讲或者教授学生的过程中总是一遍遍地阐述"72法则"的含义和如何使用。这个法则和你增加财富最好的方式复利有着紧密的联系，它能够帮助你解决在投资中遇到的部分问题，所以当你开始理财的时候，就要多花点时间来掌握这个投资法则。

在经济学中，所谓"72法则"，就是投资不拿回利息，采用利滚利的方式进行积累，本金增值一倍所需的时间为72除以该投资平均回报率的商数。举例来说，假如你投资50万元在年效益为24%的股票型基金上，要用多少时间本金才能翻一倍，变成100万呢？答案是72÷24=3年。

这就是"72法则"，是让你很快地算出资产增加一倍所需要的时间，非常简单和准确，因而成为很多投资家进行投资时的必备武器。掌握这条法则，你在规划理财计划时，就会详细地计算所需要的时间以及付出的代价，从而做出更好的选择。

假如，你做生意，手头刚积累了30万元，打算用于投资，为刚出生的儿子准备将来进行留学的资金。同时考虑各种因素，你在留学中介估过价，儿子在外学习四年大概需要60万元，假设儿子出国时年龄18岁，那么你应该选择什么样的投资方式？年收益利率多少？

学习过"72法则"后，你可以很轻松地解决这个问题，通过计算72÷18=4，也就是说资金翻一倍要求的年收益利率并不是很高，你可以选择比较有发展前途的基金进行投资。

或者，你觉得基金是个新生的事物，你的投资想法趋于保守，最终选择了有国家财政保障的国债，国债稳定可靠，但其年收益利率只有3.6%，那么投资本金翻倍所需的时间，就可以用"72法则"计算出来，即用72除以3.6得到20，由此可知，资金翻倍的时间需要20年，就是说孩子的出国计划可能要往后推迟两年。

"72法则"非常好用，能够推一及十，你根据这条法则可以计算出资金翻倍的时间，或者想达到一定的理财计划，你所要选择什么样的投资方式以及它的年收益率多少，给你的生活带来很多方便。

同样，"72法则"也可以计算贬值，计算在通货膨胀或者负利率中你的损失，如现在的通货膨胀率高达8%，那么72÷8=9，也就是说九年之后，你手中的100元其实只剩下50元的购买力了。

当然，用"72法则"计算你所需要的和查表计算是有一定的差距的，但差别不是很大，这是人们在长期实践中得出的结论，因此当你手中缺少一份复利表，又需要做出选择的时候，采用"72法则"或许能够帮你不少忙。

王小姐经营教育培训生意。她在做本职工作的同时参加了一次理财培训班，知道了"72法则"，如获至宝，在以后的炒股、炒债券以及投资房地产中，她都采用"72法则"进行计算，目前她已经获得了数百万元的投资回报。

王小姐说："我投资的所有品种的年均收益率都维持在18左右。通过'72法则'计算知道，我每4年资产就会翻倍，事实上真的是这样，'72法则'是一条很神奇的法则，它帮了我很大的忙。"

在生活中，通过"72法则"，我们未来的生活费以及将来如果保持同水平的物质生活所需要的养老金，这些都可以轻而易举地算出来。假设物价的上涨比率是6%，一个人20岁所需的生活费为1500元，那么9年后，每个月则需要3000元才能维持目前的水平，再过9年，则需要6000元，接近50岁的时候，则需要12000元才可以维持20岁时期的物质生活水平。通过这条法则，可以让你对未来面临的状况有一个清醒的认识，鼓舞你去努力。

用"72法则"，你甚至可以轻易地算出自己的年薪上涨所需要的时间，假如你现在月薪为3000元，公司的年薪上涨率为10%，很容易计算出月薪翻一倍所需的时间，大概需要7.2年的时间，你可以根据公司的涨薪幅度以此来决定你留在这个公司究竟值不值得，月薪涨幅的快慢是否符合你的预测，甚至还可以帮你决定是否跳槽。

从上面这些例子可以看出，"72法则"简单易学，只要费点儿心思，很容易就能活学活用，对你在生活中进行理财规划提供了非常重要的依据，这是学会用时少却收益大的法则。在投资过程中，有一个清晰的理财规划是十分重要的，理财规划中必须明确需要的时间和年收益率，这对理财目标的成功与否有着很重要的意义。通过"72法则",你可以轻易地计算出来。

此外,"72法则"中还有一个倒着推算的功能,如假设你现在20岁,希望在自己60岁退休的时候能够拥有1000万元的身家,你选择一只股票型基金,年收益率为9%,要完成60岁时拥有1000万元的理财规划,现在需要投入多少本金呢?

我们可以利用该法则进行反向计算。现在的复利是9%,每8年,本钱就可以翻一倍。那么,到57岁你需要的本钱是500万元,49岁则需要本钱250万元,41岁则需要本钱125万元,33岁则需要本钱62.5万元,25岁需要的本钱是31.25万元,20岁时需要的本钱为22万元。

所以,要想在60岁退休时拥有身家1000万,现在20岁出头的你所需要投入的本钱也不过只有20多万。本着投资时间越长,收益就会越大的原则,你只需要将投资坚持几十年就可以了。

很明显,"72法则"虽然简单,但很实用,它可以使你的理财规划更加完善,避免犹豫不决的投资态度。同时,通过这一法则,你可以准确地判断出目前选择的这种投资方式是否正确,能否准确地达到你的理财要求,让你有足够的时间去调整投资策略。

第二章
降低投资风险的定律——投资100法则

　　理财要根据自身的承受能力来选择合理的方案,这样的话才能使自己在投资的过程中放得开,而不是患得患失,担心不已。理财最好的方式就是跟着年龄走,不同的年龄有不同的需求,对风险的承受能力也不同,在投资的过程中学会分散投资,选择最佳的投资组合,实现最大化的收益。

理财跟着年龄走

对不同年龄段的理财方式进行合理投资组合,
大限度地实现利润增长。

　　小张现在是某家公司的中层管理人员,年纪不大的他已经买了住房,还买了一辆十来万元的小轿车,令公司的同事羡慕不已。在一次聚会中,一位平时跟他关系不错的同事终于开口问小张,这么年轻你就在城里买房买车,秘诀是什么?

　　原来,在大学期间,小张的学校里举办了一次理财培训班,小张就是在那个时候听到了"投资100法则"——理财跟着年龄走这一理财观念，在生活中，小张也是这么做的，他只是在不同的年龄段，根据"投资100法则"对自己抗击风险的能力进行了评估，从而得到正确的理财规划。他开始理财比别人早，所以买房买车当然也就比别人早了。

其实，在投资风险的承受能力以及判断上，人们在长期的理财实践中总结出了简单却包含智慧的"投资100法则"，即以100岁减去理财人现在的年龄，所得到的就是理财投资组合中风险资产比例。例如一个20岁的年轻人可以将80%的资产投资于股票及股票基金等风险较大的投资方式中，到了60岁的时候，这类风险性较高的投资资产的比例就应当降到40%以下了，这时多以稳定性的投资为主，如存定期、国债等风险性较小的投资方式。以此类推，这就叫投资100法则。

在我们人生的每个阶段，由于在社会和家庭的角色不同，所以要根据角色的改变而改变自己的理财规划，在每一个阶段都要根据"投资100法则"对自己的风险承受能力进行判断，做出正确的理财规划，真正做到理财跟着年龄走，越走越有钱。

对于处于青年期（20—35岁）的投资者，这个时间段，刚刚踏入社会并在社会上逐渐稳定下来，有能力承担较高的投资风险，所以在投资组合中可以选择风险性较高和收益率较高的理财产品，比如可以投资一点信誉较好、收益稳定的优质基金或者股票，另外还需要在健康上进行投资，投保一些住院医疗、重大疾病等健康医疗保险，以增加抗击风险的能力。

对于处于壮年期（35—50岁）的投资者，这个时期大多数人承担着上养老、下养小的责任，虽然这个时间段收入增加了不少，但财务负担也相应增加，因此可以考虑中长期投资风险类产品，从健康医疗、子女教育、退休养老三方面为自己做理财规划，如可以参加银行的教育储蓄、购买医疗保险以及一些商业保险，以增强家庭抗击风险的能力。

对于处于老年期（50岁以后）的投资者，这个时间段，如何保持增值是最大的问题，控制风险成为首要考虑的目标。这个时期的投资则要首先考虑稳妥，理财产品应选择货币基金、国债、人民币理财产品、外币理财产品等，这些投资产品既可以免税，风险又相对较少，收益又比同档次定期存款高，而且流动性也比较好。需要特别说明的是，在选择这些投资产品时应以中短期为主。

另外，也可以发展一些爱好或者发挥余热，如在公司挂职顾问，并时不时地辅导年轻人，让自己的老年生活过得丰富多彩和有意义。

小区里的老王退休后，整天在院子里闲逛，不知道干什么好，后来老伴说，你年轻的时候不是梦想着当书法家吗？现在你既然有时间，为什么不去试一试呢？老王听到后，如醍醐灌顶，年少轻狂的岁月又涌现在他的心头，他毫不犹豫就拿起了毛笔来练习书法。

如白驹过隙，5年的时间过去了，现在的老王在书法上已经取得了一定的成果，前不久在市里的书法大赛中，老王的书法得到了评委的赞赏，被评为一等奖，不久前，市长甚至还专门上门去看望他，并向老王索要墨宝。市长走后，老王不再年轻的脸笑得像向日葵一样灿烂。居委会也找到老王，希望他可以当一名教师。原来在老王所在的小区里，居委会成立了一个书法班，主要是教一些和老王一样退休的人，老王满口答应了。

如今，老王每天按时起床，吃饭、练字、教学生，每天都忙得不亦乐乎，现在的老王成了小区里的名人，人们见了他，都笑呵呵地打招呼。

像老王一样在老年时依然发挥余热、帮助那些需要帮助的人，谁能说不是一种更好的"理财"呢？另外，他们还收获了尊重，获得了快乐和自尊。

虽然没有人可以预测将来会发生什么事情，但在理财中如果坚持"投资100法则"，一些理财产品还是有章可循的。学会了"投资100法则"，你就可以根据自己的情况做出最科学的判断，从而选出最合理的理财方式。

可见，根据"投资100法则"，对不同年龄段、不同风险承受能力的理财方式进行合理优化投资组合中的各资产，最大限度地实现利润的增长。在不同的年龄段，每个人的社会处境和家庭处境并不完全相同，所以人们可以根据"投资100法则"，根据自身不同情况为自己做出最完美的理财投资规划，实现随着年龄的增长，财富也随之增加的梦想，真正做到理财跟着年龄走。

投资新手要懂得分散投资

分散投资是一种经得起时间考验的投资策略。

袁军和李志是同一家公司同一部门的员工，两人在一起工作已有10年的时间了，他们早就从原先的同事关系发展为无话不谈的朋友，甚至很多隐私的话题，二人也经常讨论。因为二人在经验或者收入上都相差无几，所以他们之间有很多相同之处，彼此常常讨论看法，他们的意见往往也惊人地一致，不过在理财上，二者的见解却截然相反。

袁军年纪稍长，在投资上相当保守，他从来都不敢把所有的资金全押在同一个理财产品上，而是把资金分散开来，在股票、保险、基金等方面都进行了投资，虽然收益小了点，但总体来说相对稳定。

  李志则是倾向于用重火力全押在最有希望获得高收益的理财产品上，如股票或者股票型基金，为了多挣钱，他往往把全部的资金押在上面，虽然很多时候获得良好的收益，但总的来看并不乐观，甚至还亏损了不少。李志很郁闷，便约袁军在楼下的小餐馆见面，讨论理财的得失。

  袁军说："对于理财，很多人往往相信自己的直觉，采用孤注一掷的方法企图获得较大的收益，但往往年轻人，也包括很多上年纪的人在理财方面却缺乏经验，并没有实际的理财操作经验，所以对我们来说，分散投资才是最好的选择，从风险管理的角度来看，适度分散可以有效降低投资风险，使收益趋于稳定。"

  李志听着直点头，他若有所思。回到家之后，他又在网上搜索了一些关于理财的信息，得知很多专家都劝人们不要把鸡蛋放在同一个篮子里，李志开始修改自己的理财计划。

  在投资中，究竟是采用重火力集中拿下收益高的理财产品，还是分散投资避开投资的风险？长期以来，这个问题众说纷纭，并没有完美的答案。比如投资大师巴菲特就属于前者，巴菲特有一句名言："投资应该像马克·吐温建议的，把所有鸡蛋放在同一个篮子里，然后小心地看好它。"对巴菲特这样的老手来说，他有经验和能力看管好自己的资产，所以在金融危机中，别人都在赔钱，唯独巴菲特没有，反而挣了不少钱。

  可事实上，在理财中，我们往往贪图眼前的利益，相信自己的直觉，而把所有的资产都押在自己认为最挣钱的理财产品上，却忽略了理财中收益越高，风险越大的道理。年轻人在理财上不要过于相信自己的直觉，缺乏经验的直觉并不可靠。在理财中，收益和风险从来就是相互依存的，收益高，风险高；收益低，风险低。所以在着眼收益的同时，你应该注意投资的风险，以免血本无归。

对于经验不足的年轻人来说，保护自己的资金更加重要。由于你没有足够的投资经验帮助你发现机会、抓住机会，相比那些投资大师而言，你的投资将面临更大的风险。这个时候，减少投资风险才是首要考虑的问题，所以，对于年轻的你来说，分散投资显然是一种很好的选择。

在湖边的时候，我们常常看到很多爱好钓鱼者，一个钓鱼者侍弄着好几根钓竿，将鱼饵分别放在几根钓竿上，然后坐在那里等，我们心里很明白，这样大大提高了钓到鱼的概率。即使一处鱼饵没被咬钩，还有另外几处可以让他有所收获。钓鱼者之所以这么做是为了保证收益。

这样浅显易懂的道理我们心里都很明白，为什么在理财中，我们就不明白了呢？为了说明这个问题，我们会在下面详细地举例说明。

假设你现在拥有现金30万，准备进行投资。通过资料搜索和理财师的建议，现在有六种理财方法，这六种方法的回报率也不相同，有+10%、+5%、0%、-5%、-10%、-15%，但事先你并不清楚这些理财方式所能够给予你的报酬率，这个时候，你打算怎么投资呢？

如果你将所有的资产全部押在一个理财方式上，那么你只有1/3的机会获利，却有2/3的概率不赚钱；选择报酬率为0%的还好，至少还能保住本金；万一你选择了-5%、-10%、-15%这三种理财方法，损失金钱不说，还浪费了大量的时间和精力。

选择把鸡蛋放在同一个篮子里，和赌博其实没有什么两样，运气占了很大的部分，但真正的投资大师并不相信所谓的运气，他们只相信事前的努力。

假设你把资金分成六等份，分别投资于这些理财方式。这样的话，六种不同报酬率的投资方向都有 5 万元的投资。若持有这些投资项目长达 20 年,你认为会获得多少回报呢?

单看报酬率,你也许会以为还不如赌一把呢,因为很明显,报酬率为负,然而实际并不是这样,相反你的资产会以 7.29% 的年度回报率增长着。

若分开来讲,你一定以为这样的投资组合简直糟透了,因为在六个项目中,至少有四个是不赢利的,有三个还一直在亏损,在这样的情况下也能挣到钱,结果会令你大吃一惊。

这是分散投资带来的好处,当你开始分散投资的时候,甚至不用全部资产都获益也可以取得赢利,这样一来,你就可以最大限度地在获得良好的收益的同时保障自己的财产安全。

分散投资是一种经得起时间考验的投资策略。比如在股票市场中,如果你只买一只股票,一旦选错可能会让你血本无归;你要是买了五只股票,总不可能每只股票都赔钱吧?五只股票中总会有涨有跌,在涨跌相互抵消后,即使亏损,亏损的也只是小数目,完全在你的能力承受范围之内,不至于伤筋动骨。很显然,分散投资是具有规避风险,让你获取收益的良好投资方式。

投资不是赌博,尤其对年轻人来说,由于缺乏实际操作经验和理论指导,不适合集中火力猛攻的投资方式,应该学会分散投资。这种投资方式让我们可以在规避风险的同时获取效益,是缺乏经验的年轻人最好的理财方式。再次提醒一句,别把所有的鸡蛋放在一个篮子里,小心血本无归。

选择最适合自己的投资组合方式

多样化投资规避风险，获得良好的收益。

王强的理财计划让他在两年内尝够了投资的甜头，可是看着比自己大不了多少的好友张凤林买车买房，日子过得很红火，王强的心里觉得很羡慕。其实他自己也知道不少投资理财的知识，但总觉得自己似乎还有未问到的地方，于是他决定好好地向张凤林学习理财。

下班后，王强把张凤林约到饭店，哥俩几杯酒下肚，王强就把自己的苦恼说了出来。张凤林静静听着，一会儿他爽朗地笑起来，说道："现在我们说说如何选择最佳的投资方式吧。在理财专家眼中，投资组合主要有三种方式：投资工具组合、投资比例组合和投资时间组合，你根据自己目前的风险承受能力和期望的收益回去后好好做出一个详细的理财规划，当然是在理解了上面我跟你说的投资组合的三种方式后，我相信你就会慢慢地发现适合自己的投资理财计划了。"

回到家后，王强立即从网上搜索相关投资组合的知识，如饥似渴地阅读起来，为了保证自己理解的正确性，他还报名参加了周六的理财规划师的演讲班，在理财规划师的帮助下，王强列出了未来10年的投资计划，并且决心无论如何也要将这份计划执行下去。

如今金融市场瞬间变幻莫测，在市场这只看不见的手的调控下，许多人在市场满载而归，笑容满面；也有一些人大败而回，一脸的愁云惨雾。在这瞬间万变的金融市场上，许多年轻人不是无所适从，而是因为缺乏经验，损失惨重。很多人在经验和教训中渐渐明白要控制风险，就想到了实行多样化投资的办法。

多样化投资即所谓的分散投资，但在投资中，应该选择最佳的投资组合方式，以求规避风险，获得良好的收益。案例中的张凤林告诉我们，根据投资组合实施时所依据的主要条件的不同，投资组合可以分为三种方式，也就是他所说的投资工具组合、投资比例组合、投资时间组合。下面我们详细解读投资组合的这三种方式。

首先是投资工具组合，顾名思义，投资工具组合就是投资者将资金分为若干份，分别选择不同的投资工具进行投资，采用组合，其实就是采用了分散投资，有利于在风云变幻的金融市场躲避风险，趋向收益。市场环境相同时，不同的投资工具的风险也是不相同的，如储蓄存款收益率低，但风险也低；股票市场则具有高风险和高回报相存在的特点，如果遭遇金融危机，收益不仅会降低，甚至可能会血本无归。

投资工具的选择是非常重要的。如果选择一种投资工具，比如股票，在市场的调节下，要么挣钱，要么赔钱，风险率高达 50%，但是如果投资者还选择了储蓄和基金等投资工具，在储蓄和基金市场效益良好的情况下，便可以抵消股票投资带来的损失，使你的收益维持在一定的水平。

在投资工具组合中，常用到传统的组合是"投资五分法"，即将资金分为五部分，一部分用来存进银行，购买保险，银行的钱可以用来做生活的基本费用；一部分用于投资股票等高风险、高收益的理财工具；一部分用来购买房地产、珠宝、黄金等实物；一部分用来做教育投资；另外一部分是生活的风险资本，即用来救急的钱。

其次是投资比例组合，顾名思义，即指投资者在实际投资时使用不同的投资工具，并在数量、金额上存在着一定的比例关系。

在投资中，选择不同的投资工具也就意味着选择了不同的风险和收益，同时由于投资者对收益的期望和对风险的承受能力不同也影响着投资工具的选择和投资中所占的比例，如风险能力承受较高的年轻人或者青年人，他们一般倾向于高风险、高收益的期货、外汇、房地产等投资为50%左右，股票、债券等占投资资产的30%左右，储蓄、保险投资为20%左右，呈现出一个倒金字塔的结构，当然这些人往往不怕金钱的损失，他们具有较高的风险承受能力。

趋于平稳的人则倾向于储蓄、债券等风险较小的投资工具。他们投资中所占的概率呈现出一个锤形组织结构，首先他们提高了储蓄、保险的投资比例，约占40%，债券投资和股票、基金的投资各占20%左右。

另外一类是趋于保守的人，这类人往往收入不高，投资主要应该考虑资金安全和增长点收益，这种投资组合模式呈现出一个金字塔形结构。在其投资中，储蓄、保险所占的比例很重，约为70%，债券投资为20%左右，其他风险投资约占10%左右。储蓄和保险所占的比例保证了其资产的安全，即使其他投资失败了，也不会影响到其基本的生活。

选择好投资工具，剩下的就是要决定好投资中资产所占的比例，这是一个非常重要的问题，如果决定有误，甚至会影响你的生活，如在股票等风险性较高的投资工具上投资过多，万一失败，会影响到生活质量和降低生活水平，所以一定要做出最科学的投资比例组合。

最后是投资时间的组合，顾名思义，即指投资者将资金有计划地、分批地进行投资，为了取得自己理想中的收益效果而在投资时间上采取长期、中期、短期相结合的投资时间组合。

另外，很多人都有这样一个经验，从投入资金的时间来看，投入的时间越长,收益率就越高;短期也有短期的好处,即投资人变现能力增强,所以在投资中一定要注意选择最好的投资组合,既能保证收益,又能应付突如其来的现金需求。

第三章
选择投资产品的依据——投资报酬率

积累了一定资本后,我们满怀憧憬地开始进行投资,望着市场上琳琅满目的投资产品,各种名目繁多的"投资报酬率"看上去真的令人感到很欣喜,可是你真的看得懂吗?从令人眼花缭乱的产品中选出适合自己的投资,并不是一件容易的事情。要学会合理地选择报酬率。

投资报酬率能有效分析你的理财现状

通过对投资报酬率的利用,
我们在理财规划中进行理智地分析,进而提高收益。

侯志毅对理财理论的认识多亏了一个叫李大友的同事,李大友是业余的理财咨询师,虽说拿的是三级证书,但他对理财的认识还真是挺深刻的,很多同事都从他那里得到过很好的理财建议,侯志毅也是其中一个。每天上班的时候,侯志毅看着电脑屏幕上的股票走势路线图和基金图,在心里偷偷计算着自己的资产涨到多少多少了,心里窃喜。

直到年关将近,侯志毅去银行查询了一下自己的资产,结果却大失所望，与自己设想的资产值相差甚多，他觉得是银行算错了，他要求大堂经理帮他查询了一遍，仍是如此，再查一遍，还是如此。侯志毅有些失望，自己的资产投资报酬率明明很高的，一年后资产却增加得很少，怎么回事呢？

侯志毅想到了李大友。在公司的茶水间，侯志毅碰到了李大友，侯志毅详细述说了自己的困扰，李大友仔细分析了侯志毅说的话，慢慢地，他发现了端倪，原来侯志毅是用分散投资的各种投资工具的报酬率加在一起，再除以投资工具的数目，就是侯志毅得到的投资报酬率。李大友哈哈大笑，爽朗的性格一览无遗。"你真的懂投资报酬率吗？"李大友建议侯志毅好好查查投资报酬率的概念，以免下次再闹这样的笑话。

侯志毅回到家后，打开网页，输入投资报酬率，网页上显示投资报酬率是指通过投资而应返回的价值，亦称投资的获利能力。侯志毅津津有味地看起来，经过几个小时的细读和思考，侯志毅终于完全明白了投资报酬率的概念，他对之前自己的莽撞感到羞愧。

在理财中，投资报酬率具有很多作用，它能够反映投资中心的综合赢利能力，并且各个投资组合排列在一起，有利于分辨各种投资组合的优势和劣势，从而做出更好的选择，为自己的理财规划提供判断的依据。与此同时，投资报酬率也可以作为自己是否进行投资的依据，有利于实现资源优化配置。然而，在理财中，我们真的了解和熟悉投资报酬率吗？

当我们通过努力工作或者以其他方式获得了资产，我们就要将手中的资金进行分配，选择不同的投资工具和投资时间，根据不同的投资工具所具有的风险和效益做出最好的选择。

首先要决定的就是将钱放在哪些金融产品上。理财投资组合的方式非常多，如存款、债券、股票、房地产、古董、黄金、期货、外汇等方式，我们可以从中做出适合自己的最好的投资组合，当然，我们也可以借助投资报酬率来帮助我们判断，以尽量避免财产损失。

理财专家公布的投资报酬率的计算公式如下：

投资报酬率＝利润总额/投资总额×100%=（净收益＋利息费用＋所得税）/投资总额×100%

把这条公式稍微变形，通俗易懂化，就变成：投资报酬率＝利润总额/产品销售收入×产品销售收入/投资总额×100%

我们知道，利润总额与产品销售收入之比是销售利润率；产品销售收入与投资总额之比是投资周转率。所以这条公式可以演变为：投资报酬率＝销售利润率×投资周转率。

在所有的投资工具中，股票投资的报酬率和其他投资工具是不一样的，股票的投资报酬率＝（股票终值－原始投资额＋股利收入）/原始投资额×100%，它是评估股票价格以及进行股票投资时最重要的依据。

其中股票终值指的是股票目前的市价；原始投资额指的是买入股票时投入的现金；股利又称红利，是上市公司按照发行的股票配额给股东的利润，股利是一种按资分配的劳动报酬方式，投资者虽然没有参与公司的生产经营过程但却付出了资金，所以投资者理应享有劳动成果的分配。一般来说，股利主要包括现金股利、股票股利、财产股利、负债股利和清算股利。

事实上，通过投资报酬率的公式，我们可以计算出投资报酬，同时也能与你的理财收益目标相比较，从而做出最正确的判断。

如你在2010年投资2万元于某只股票，2011年卖出，仅收回金额19500元。你觉得自己炒股失败，亏本了，因为损失了500元本金。但在过年的时候，你收到公司邮来的1000元股利，不考虑税金、佣金等，实际上你还获得了 500 元的利润，因此，从总体上来看，对该股票的投资还是有意义的。根据公式，你可以轻而易举地算出这笔投资的报酬率，即 25%。

在股票中，最重要的就是低买高卖，所以很多投资者认为买价决定了投资报酬率的高低，也就是说如果你要买一家公司的股票，你要知道两个数据，即股票的买价是多少？它一年可以挣多少钱？有了这两个数据，你就可以计算投资的报酬率，从而决定这次投资值不值。

在投资中，一般来说投资者要求的回报取决于投资的风险有多大，在理财中，投资的风险和其收益是成正比的，即风险越高，收益越大。在风险中，主要包括时间因素和流动性因素。据投资者的经验来说，投资的时间越长，其投资的报酬率就会越高，因为你使用金钱的时间越长，遇到各种不可预见的意外的概率就会越大，所以你期望这种风险能够获得金钱的补偿。

在投资的时候，你还必须考虑到现金的流动性，一般来说，当你的资金投入到某项目里面，在你急需用钱的时候，从项目里把钱抽出来显然是不合情理的，项目甚至可能因为你个人因素而停止。所以在投资的时候，你必须考虑到手头的现金流动性，以免在意外面前无所适从、手忙脚乱。

通过对投资报酬率的了解，我们可以在以后的理财规划中对自己所面临的状况进行理智的分析，做出最好的选择，从而提高收益。

如何通过选择理财方式提升投资回报

拥有高的投资回报率，理想就会很快实现。

李璐在学校的时候，就已经学会为自己投资，她每月都省下一些钱存到银行里，在她大学毕业的时候，手中的存折就有将近2万元。上班后，李璐更是发扬了储蓄的美德，除了一些必需的刚性支出，李璐尽可能减少消费，虽然很多时候看着外面打扮得花枝招展的女人，心里也很羡慕，但李璐还是压抑着内心的冲动，看着存款单上的数目越来越大，李璐就感觉到未来很美好。

然而，和朋友去逛街的李璐却受到了刺激，原来鞋子的价格上涨超出了李璐的想象，李璐喜欢的那双鞋子是粉红色的，很好看，在几年前，鞋子需要300元就足够了，可是现在却明码标价1000元，涨了三倍多。李璐想起自己银行的那点利息，几年下来也就一两千元，于是她找了个借口便回家了。

回到家里，李璐找到了银行的存款单，她决定明天就去把钱取出来，然后像其他女人一样，该买的衣服买，该用的化妆品用，想起自己苦了这么多年，竟是为了这么点儿利息，李璐觉得自己真傻。

很显然，如今把钱存在银行里已经不会得到较高的利息，甚至从某种意义上说是在贬值，所以很多富翁往往都不把钱存在银行里，而是用于投资，他们认为，把重心放在投资上才是建立财富的开始，所以为了以后的财务自由，你必须学会利用手中的资金进行投资。

也许你已经投资了几年，又或许你只是刚走出学校的大门，这并不影响你进行投资和理财。投资十多年，到头来你却发现自己的投资回报率并没有提高，资产并没有增加。也许你会问，我明明进行投资了，为什么却没有得到应有的效益？也许原因在于你，如你并没有关注投资回报率，又或者你的投资回报率没有通货膨胀高或者没有跑赢GDP（国内生产总值），那么即使你投入再高的资产，花费更多的时间，你也不会成为富人。你想让自己的资产越来越多，就必须让自己的投资回报率超过通货膨胀率和GDP增长率之和。

所以，要想获得资产的增值，你必须克服通货膨胀带来的影响，而你所选择的投资工具的投资回报率则必须超过通货膨胀率和GDP增长率两者之和，这样你才能不断地获利，积累财富。

知道自己投资的最低报酬率，接下来就是如何选择一个较好的投资工具进行投资，以便提高自己的投资回报率了。

著名的投资大师巴菲特是热衷于集中投资的。在早年的时候，巴菲特就不像其他年轻人一样拥有各种各样的股票，而是经过自己的考察和比较，选择几家有潜力的大公司，如他早期在可口可乐上的投资，足以说明这点。

人们知道，集中投资和多元化投资理念是相反的。事实上，很多人都近乎偏执地认为分散投资有利于降低投资的风险，这是正确的，然而人们不知道的是，分散投资可能会使你买到并不熟悉的投资工具。与此同时，手上持有的种类过多的投资工具也会占用你大量的精力，你很有可能根本就没时间去打理这些投资工具，这样的话，还怎么能保证投资的收益呢？

当然，集中投资的前提是你对这家公司的规模和发展前景都很了解，对公司未来的发展充满信心。事实上，每一个投资人在进行投资之前，都应该做足准备。如果你只是想试试运气或者对理财并不是很感兴趣，那就不要进行投资。

当你把资金投入到自己了解的行业中，同时你对投资工具是充满信心的，虽然这种选择让你的股票种类减少了，但却拥有高额的投资回报率，所以巴菲特曾经说过："集中投资意味着高回报。"

在购买股票时，张惠特与刘泽宇的做法是截然相反的，张惠特总是选择那些近年来发展很快的公司的股票，他更是购买了很多创业板股票，然而手头上有几十只股票，张惠特根本没有时间一一去了解，他只是每天登录网页，看看所购买股票的动静。令他非常失望的是，手中的这些股票的收益总是非常可怜，而到了年终决算的时候，投入了几万块的张惠特的总收益更是只有几百元。

刘泽宇的思想颇受现代投资理论的开路先锋、投资大师菲利普·费雪的影响，他的主要操作手法就是集中投资。刘泽宇只愿意投资少数几只非常了解的股票，绝不投资那些不了解的股票。即使是自己了解的优秀的股票，他也一样从这些公司中选择其中较好的几家，而不是每家都买。他购买的股票数量一般少于七只，其中将近一半的投资资金全押在最优秀的三到四只股票上，虽然目前看起来收益还很小，但每年的分红还是很可观的。

从二人的案例中，我们可以知道购买不熟悉的股票还不如集中投资自己所了解的股票，因为只有不熟悉才会带来未知的风险，而熟悉的股票，其发展一般都是可以预料的。当然，当今的金融市场，鱼龙混杂，真正优秀的股票数量是很少的，想找到它们，确实需要下一番苦功夫，这样你才能获得较高的投资回报率。

很多富翁的理财之路都是从股票开始的，他们不喜欢银行里的那点利息或者回报率太低的投资工具，对他们来说，股票是能够让他们资产翻番的最佳投资手段。

如果你也希望拥有足够的金钱，实现财务自由和早日退休的理想，那么你就要把自己的资产从银行里提出来，把钱拿去投资，专注自己熟悉的领域，采用集中的方式进行投资，如果你选择了一个足够好的投资工具，那么你就慢慢地等待自己的财富积累起来吧。你会发现，拥有高的投资回报率，你的理想很快就会实现。

第二篇
会挣钱不如会理财：
工薪族必知的财富积累技巧

当你开始步入社会，当你领到人生中第一笔薪水的时候，你必须及时唤醒自己的理财意识，从现在开始，不断地进行理财，不断地投资，因为只有这样，才能小财大用，积少成多，早日实现财务自由的梦想，为未来的幸福生活打下坚实的基础。

第一章
重塑理财观

经济独立,不光是为了追求享乐、为了拥有名牌服饰,而是为了有能力爱自己,也有能力爱别人。经济独立的个体,能自主决定自己的生活质量,不依靠他人独立生存,能运用独立的经济实力给自己创造更多的财富。只有这样,人生才会由自己做主。

经济独立才能做主人生

一个人只有经济上独立了,
才会在生活中获得心理上的安宁。

一个女人外表美不美是天生的,有没有魅力则是后天造就的。容颜的衰退是无法抵御的,当美丽的花容月貌随着岁月的流逝而渐行渐远,只有由内而发的美丽才会长盛不衰,并随着岁月的积累而越来越香醇。

女人需要从内到外去经营自己:阅读书籍、旅游、持续健身、定期美容、了解最流行的化妆美容趋势……这些都是提升品位的重要途径,也是魅力女人的必修课,没有一定的经济基础,又如何能完成这些课程呢?

女人总是扮演着关怀别人的角色,女人拥有不同于男人的个性特质，敏感、温柔、体贴、圆融、坚韧，等等，这些特质可以强化为成功的本质，但是，你并不需要把这些独有的资本全部拿来关注别人，却忘了关注最重要的人——自己。

女人不但要学会爱他人，更要学会爱自己。如果连自己都不爱自己，怎么能让别人爱呢！女人经济独立，不光是为了追求享乐、拥有名牌包包，而是要找回自己，为了有能力爱自己，也有能力爱别人。懂得理财，并拥有财富，女人才能决定自己的生活质量，只有这样，女人的人生才会更加精彩。

女人经济独立可说是人格独立与幸福的基础，新时代女人依靠的不是丈夫也不是子女，而是自己。有些女人愿意嫁给有雄厚经济基础的男人，这种想法我们无权指责，但嫁给这样的男人后不代表女人就应该工作，只有工作才能让女人成为真正财务独立的女人，进而成为人格独立的女人。

姚女士是一家公司的财务，她每天早上7点前要起床，每天要工作到晚上6点，然后赶到保姆家接女儿，回家煮全家人的晚饭、洗碗、整理家务、照顾女儿，半夜起床喂奶。丈夫是一家货运公司的长途车司机，常年在外搞运输，婆婆又时不时地给她压力，公司也要提高业绩。好不容易熬到周末假日，亲戚多的婆婆家又要开始过"家庭日"（即家庭的成员在一起聚餐）。姚女士还得自掏腰包，劳心劳力地准备一大家子12口人的午餐、晚餐。

因为长期的劳累，姚女士发现自己得了宫颈癌。好在是初期，但是姚女士把薪水都拿来贴补家用了，并没有为自己购买医疗保险。婆婆在帮助姚女士付了1万块钱的医院押金后，立马把小孙女接到自己身边，之后便很少再来看姚女士。独自躺在病床上的姚女士泪流满面，只能盼望着丈夫早点回来，早点回来。

　　手术过后，姚女士专心在家养病，养病的几个月时间内，姚女士每天做些简单的家务，带着女儿去公园呼吸新鲜空气，煲一些养生类的汤，带孩子参加"妈咪宝贝"俱乐部，每周日去一家公司帮忙做账。几个月下来，姚女士得出了一个结论，只有经济独立的女人，只有懂得经营美好生活的女人，别人才会在乎你。

　　对任何一个人来讲，只有经济上独立才能获得真正的独立，因此女人要自立，不能有依赖他人的念头，只有靠自己，才是最好的选择。

　　一个女人只有经济上独立了，才会在生活中获得心理上的安宁。"婚后靠老公，老来靠子女"的观念已经不合时宜，女性必须更加懂得以自己的经济力量来生活。因为婚姻并不一定是未来的保障，生命中的变数太多，伤残、疾病、失业、丧偶、离异等都可能使家庭生计陷入困顿，所以，无论是单身女性还是已婚女性，都该好好管理自己的财富，打造出一个属于自己的"美丽人生"。

理财不只理大财，小钱同样很重要

有财的人如果不理财，

就算有一座金山也会被"散"光。

16岁的英国女孩考利·罗杰斯在2003年的时候非常幸运地中了190万英镑（约307万美元）的彩票大奖。这是一笔巨额的财产，但是她仅用了六年不到的时间就将这笔巨款挥霍一空，面临破产的境地，这当然与她的无计划的消费有着极大的关系。

得到那笔大奖后，她先是花掉55万英镑购买并装修了四套房子；接着，又将20万英镑花费在度假上；用26.5万英镑购买豪华汽车和借给家人；用45万英镑购买名牌衣服、开宴会及做隆胸手术；用7万英镑支付各种法律费用；单是给她的几任男朋友买礼物的花费就将近19万英镑……不到六年的时间，这位才刚二十出头的小姑娘就已经将"千金散尽"了。

如今，罗杰斯不得不再卖掉房子，依靠每天做三份工来维持生计，生活又回到了最初的模样。

由此可见，有财的人如果不理财，就算有一座金山也会被"散"光。如果当初罗杰斯在得到这笔巨款后能够做好合理的规划，她也不会落到这般"凄惨"的境地了。

也许你会说，就是因为这个女孩特别有钱，所以她才需要去理财啊。理财是有财人做的事，我又没有财，有什么可"理"的呢？

事实上，理财并不是有"财"人的专利，它是一种对"财"妥善管理的意识和方法，跟财富多少没关系。千万别认为用小钱办不了什么事，如果你从你的孩子出生的那天起一天为他存一元钱的话，那么60年后，这笔钱将变成200万元（假定年收益为10%）。可见，注重积累、善于理财，小钱也能成就大财富。

我们每天都要与钱打交道，只要与钱打交道，就有责任对它做好最基本的管理。在生活中，理财应该"从第一笔收入"开始，哪怕从第一笔的收入或薪水中扣除开支之外所剩无几，也不要低估那些小钱的聚敛能力，1000万元有1000万元的投资方法，1000元也有1000元的理财方式。

你可以给自己定下一条铁律：先从每月薪水中拨出固定的一部分用来投资（具体金额根据实际情况而定），要长期坚持，坚持"不动用""只进不出"的原则。假设你每月挤出500元存入银行，20年后，仅本金一项就达到12万元了，如果再加上利息，数目还会更大；你若是将每月的500元钱以定期定额的方式投资基金，那么20年后所产生的本息收益就可以满足你安度晚年的资金需求。

其实，世上绝大多数的富人，他们的财富都是由小钱经过长期的投资逐步累积起来的，所以，不要忽视小钱的力量，在时间的作用下，小钱将会长成"大钱"，而且"成长"的结果十分惊人。从今天开始，不要再说"我没有资金"之类的话了，致富没有借口，小钱也可成大事。

我们强调理财"从第一笔收入"开始，目的就是为了培养自己的理财意识。在收入相对固定的情况下，如果不懂得理财或者不主动地理财，在几年之后你就很难再保证收支平衡了。

不管手里有财没财，都要有理财的意识。缺乏理财意识，就算现在还没有到节衣缩食的地步，你手中的"余粮"也不会为你带来任何的收益。看到身边的同龄人买房、买黄金、买股票、买基金、买保险，总说没"财"可理的年轻人，难道不应该去好好地反省一下：为什么人家买得起，自己却买不起？真的是因为你的收入比别人少吗？不是！买不起是因为你对理财不够重视，你的收入在你的手中留不住！

　　不要一味地幻想自己以后的收入会有多高、能赚多少，而对眼下相对微薄的收入视而不见，胡乱消费。似乎非要等到以后赚到更多的钱才要去关心它的去向一样，这些人常说的话就是："等我有了钱……"还是别那么幼稚了，钱不是"等"来的，是一点一滴地"理"出来的。

　　也许，你现在的"月光"生活过得是十分潇洒的，但是你有没有想过，这样潇洒的日子能够持续几年？你现在还十分年轻，正处于人生财富的增长期，还没有什么社会负担，但是当你步入中年、老年以后，你不一定还有这样的收入，不可能像现在这样没有任何负担。现在不去理财，等到真正没有收入、没有积蓄的时候，那可能就真的是"无财可理"了。

　　从第一次领薪水开始，你就该清楚：在人生的不同阶段都有不同的追求与需求，而这众多的追求与需要不可能一下子全部都实现，自己必须有一个系统的规划与部署，根据轻重缓急分段逐个击破。毫无疑问，理财就是这种规划和部署，你可以通过这一手段将自己的追求与需要变成现实。

　　记住，你不理财，财不理你！不管有财没财，都要去理财！

理财是现代女性的必修课

理财是每个女人都可以学会，
并且是每个女人都应该学会的课程。

某调查显示，相比全球其他国家的受访者，中国内地女性受访者在家庭财务决策中更具主动性，逾六成（63%）国内女性受访者担当家庭财务决策者的角色。越早学会理财，就越早避免因理财不当而陷于个人破产境地的风险，并且可以从投资理财中得到回报。

理财是现代女性的必修课，作为女人，学不会理财，你会感觉生活压力随着年岁的增长变得越来越大。女人要早规划好人生不同阶段的支出，做好理财规划。学会理财的重要性有很多，下面着重给广大女性朋友分析一下。

1. 居住的成本越来越高

如果购房的时候只准备了10%的自备款，加上每月支付的贷款利息，对很多上班族来说，将造成沉重的经济负担。如果更换工作或万一固定收入中断，将面临更严重的资金短缺。

2. 教育费用飙涨

无论你是否已经结婚，只要你有当母亲的打算，以后都会面临供养孩子上学的问题。如果你现在不学会理财，等孩子开始上学时，你会觉得压力如山般压得你喘不过气来。一对夫妻供养孩子读书已经越来越难，教育成本越来越高。仅以读大学为例，考大学容易，读大学难。2007年某省的一份调查报告显示，大学生月平均生活费集中在500~1000元的占65.83%，1000~2000元的占25.64%，2000~3000元及3000元以上的占7.84%，让很多工薪阶层的父母都大喊吃不消。

3. 退休后的生活

如果我们想要知道退休之后的各种收入能否满足养老所需，最重要的是要计算"所得替代率"，计算方式很简单，假设退休人员领取的每月平均养老金为1000元，如果工作时领取的月收入是3000元，那么退休人员的养老金替代率为：（1000÷3000）×100%=30%。

在欧美国家，如果个人因财务管理不善而导致负债太多，没有能力偿还，便可以申请破产。在我国，人们对企业破产已非常熟悉，但对个人破产似乎还是很陌生。其实，如果个人负债太多，因担保等原因间接负债或出现重大投资失误，导致家庭资产为零或负数的时候，事实上这个人已经"破产"了。归结起来，个人"破产"主要来自于以下三方面可能性。

1. 过度负债，轻则压力巨大，重则个人"破产"

很多人抱着不贷白不贷的心态，盲目超前消费，还款的巨大压力日渐显现，于是只好勒紧裤腰带过日子。有些因意外造成家庭收入骤然减少而无力偿还贷款本息的人，还被银行告上了法庭。因此，消费贷款应量力而行，还款能力差、对自己的未来收入不乐观的人，千万别贷款消费。即使是因购房等正当需求而去贷款，贷款额度也应注意，尽量要使每月还款额不超过月稳定收入的40%，负债总额不要超过个人的净资产。

2. 盲目炒股，搞得血本无归，倾家荡产

如今股票市场日趋规范，但是在规范过程中不时会暴露出一些"地雷"，如果盲目炒股，没有心理承受能力，必将被股市压垮，最后血本无归。

李女士非常痴迷炒股，但她既不懂技术指标，也不看公司业绩，而是整天跟着各种"利空""利好"的消息去搏杀。她听说某只股票长庄入住，估计有较大的上涨空间，于是便掏出全部积蓄，又从朋友处借了10万元，全部投在了这只股票上。没想到天有不测风云，这只股票突然连续11个月跌停，面对巨量的卖盘她根本无法止损。当初31元每股，如今跌得只剩下每股4元多。到了这种地步，就是砸锅卖铁也还不起账，于是朋友跟她反目成仇。李女士血本无归、倾家荡产，只好东躲西藏，四处游荡。

3. 盲目当担保，招来缠身债务

近年来，很多人在办理信用卡、住房贷款、个人消费贷款、货物赊销等经济活动中，往往需要找担保人，如果对担保所承担的责任不了解，或碍于情面盲目担保的话，将有可能给个人或家庭带来较大的经济损失。因此，对各种担保应慎之又慎。如果别人请你提供经济担保，应首先考虑担保的责任和后果，详细阅读担保责任说明，同时要对被担保人的偿债能力、信用情况进行必要的了解，切勿盲目行事。

有位企业员工刘女士，为一个老同学在办贷记卡时提供担保。当

时刘女士认为，卡是老同学自己办的，即使出现透支，银行也会先找办卡人要账，担保只不过是银行规定的手续而已，于是便在办卡协议上签了字。此后，这位同学透支数万元之后，携款不知去向。无奈之下，银行只好将作为担保人的刘女士起诉到法院，并冻结了刘女士的存款和房产，用于偿还她的同学透支的钱。

个人破产其实离我们并不遥远，因不当理财等因素造成的"资不抵债"或"一贫如洗"将会严重影响到家庭的生活质量。所以，一定要学会理财，加强风险防范意识，科学打理个人和家庭的经济，有效防范个人破产。

理财投资是每个女人都可以学会，而且每个女人都应该学会的课程。不要认为投资只是金融从业人员和有理财头脑的人才能学习的科目。如果你以前就开始关心投资的话，现在你手里就应该有一笔存款，而且可能正在研究下一年让它增值为几倍的方法。趁着不需要多少生活费的时候，开始做理财投资，那么你就将比那些婚后才开始理财投资的人，领先至少10年。

甩掉观念包袱，才能轻松上路

"让钱生钱"的逻辑才是理财的真谛。

多数人会被错误的财务观念所困扰，必须甩掉那些错误思想给你带来的包袱。在消费的同时进行理财，以免自己被生活抛弃。不要觉得薪水没几个钱，懂得合理分配财富，照样能活得很精彩！

二十几岁的年轻朋友常会认为，从月薪中拿一些钱出来作为定期存款，在降价打折、做活动时买衣服，这些就是理财的全部内容。有人会认为，反正薪水也没几个钱，算来算去只是给自己找麻烦而已。但是，那些处于财富顶端的人，并不仅仅是因为拿很高的薪水而变得富有，更重要的是他们有理性的理财投资观念。

李女士所开的饰品店生意不错，在朋友中算是收入最高的人了。相反，刘女士只是一般的上班族，但是经过五年后，两个人的处境却截然不同。刘女士在某繁华市区买了一间公寓，而李女士只剩下一张余额6万元的存折和一张欠债15万元的信用卡。原来，刘女士受哥哥的影响，掌握了一定的理财投资知识，她用三年存下的钱，加上一部分贷款，买下了某城的一间公寓，两年内，这幢公寓还在持续升值。看着李女士羡慕的目光，刘女士劝她从现在开始学习理财和投资。

很多女人更多地把自己定位于母亲、妻子、年迈双亲或子女的照顾者，很少想过理财是什么样子。这些落后观念正是阻碍她们实现财务独立的根本原因。

"相夫教子"的思想，在很大程度上减少了女人对财富的兴趣，最终也影响了她们培养这种能力的兴趣。致富，可能欠缺的不是高薪机会、财务规划或理财技能，而是一套正确的财务思维，你必须甩掉那些谬误思想给你带来的包袱：

包袱1. 女人对数字不敏感，当然也包括钱

我们有多少人是在这样的环境中长大：接受自己数学不好的事实。然而，维拉诺瓦大学的研究员尼科尔·埃尔斯奎斯特分析了全世界69个国家中大约50万名青少年的考试分数，结果显示，男孩和女孩在代数和几何等数学科目中的得分差不多。由此可见，女人在理财方面的能力并不比男人差。

包袱2. 谈钱不是淑女的行为

世人的思维，无形中给女人造成了一个特定的模式，这个模式便是：钱是男人的事，和女人没有关系。很多愿意做淑女的女人，便会对钱避而不谈或者对钱望而生畏。其实，钱和知识一样，是一种改变生活的力量，懂得了知识，如同懂得了理财之道，让生活过得更好点，有何不可呢！

包袱3. 如果女人赚的比男人多，会让男人觉得自己很没用

这种现象会在家里或约会时造成压力，但事实上并非如此。如果女人赚的比男人多，或是拥有更多的赚钱能力，可以更多地减少男人的工作压力，从另一个层面来说，也会给男人积极奋进的动力，一种超过女人的动力。

包袱 4. 钱不能买到快乐

金钱无法买到快乐,但让你快乐与否的不是有钱或没钱,而是你如何过你的生活,金钱只是可以让你拥有一种自我良好的心态,让你感觉可以买到自己想买到的物质商品。

建立正确的投资思路

理财是一种智力游戏。

理财的必要性跟经济状况没关系,而是跟一个家庭的生活目标相关,每个人都想生活得更好。资本存量小,就更需要通过理财巧妙打点资产、安排资金、分配财务,逐步改善自己的财务状况,让理财来帮助自己实现财务自由。

商界一直有个著名的"二八定理":即 20% 的客户拥有 80% 的财富。一家银行也曾经做过测试,发现不足 500 人的 10 万元以上的贵宾客户占有该支行 85% 以上的存款。广大中低收入者的资本存量之小,由此也可见一斑,但资本存量小,并不意味着就没有理财的必要或者能力。理财,我们这里主要指家庭理财,通俗来讲,就是赚钱、省钱、花钱之道。它是通过对个人和家庭财务资源进行管理,以实现更高的生活目标的过程。

1. 理财无须大量资本

有人认为，理财是富人的游戏，这种观点是不对的。

首先，这是对理财目标的理解错误。理财不同于投资追求高收益，理财是一种生活战略。理财是为了更好地平衡现在和未来的收支，解决家庭财务问题，保障生活水平的稳定，提高生活水平。每个人都有生活目标，为了保障基本生活并生活得更好，让有限的资源释放更大的能量，也需要理财。

其次，这是对理财手法的认识不够。认为理财是富人的游戏，其实还隐含着这样一个观点，即理财需要大量初始资本。这种理解是不科学的，理财的方式方法有很多种，大钱有大钱的理财道，小钱也有小钱的获利法。钱少可以用细水长流的投资方式，投入门槛低、进出方便的产品。选择适合自己的投资方式，把闲钱运动起来，就可以做到集腋成裘。

事实上，理财是一种智力游戏。

2. 树立正确理财观念

中低收入者资本存量少，风险承受力低，大部分缺乏实战经验，理财时尤其要注意处理好以下几个问题。

首先，树立健康的理财投资观念。理财是伴随我们一生的过程，不是应时应景的摆设，也不是一蹴而就的。制定了规划后关键是执行，在执行中看效果，找问题，积累经验。同时，还必须明确，理财规划通常需要较长的时间来实践，不是一两个月的投机生意，这也决定我们在投资产品的选择上要注意长线投资效果，不要太在意短期的波动。

其次，端正对风险的认识。中低收入者风险承受力低，但是，也要看到风险跟收益成正比，如果只是一味地躲避风险，风险稍稍高点的产品就不敢尝试，那就只能得到基本的银行存款收益率，用理财来增值就无从谈起。其实风险并不可怕，只要对风险进行合理的控制、规避，稍高的风险，大部分中低收入者还是可以接受的。

再次，正确看待专家意见。专家经验丰富，信息充足，尤其对初涉理财或理财经验欠缺的人来说，适当寻求一下专家意见，会收到事半功倍的效果，切忌自己盲目规划、胡乱投资。但同时也必须提醒大家的是，专家意见只能参考，切不可奉若神明，对自己情况最了解的还是自己，专家只能是在方向上做出大概指引，真正做出判断、执行操作，还得靠自己。

最后，投资者要学会"驾驭"这个工具。市场是瞬息万变的，我们的理财目标和具体操作也要随着家庭和市场环境的变化不断做出调整。如果环境都完全变了，还在死守着以前的老规划，按部就班地执行，那就偏离了理财的初衷和真谛。

走出理财误区

当对某一种事物产生误解的话，
便很难从中寻找到真理。

说到理财，很多朋友们敬而远之，这主要是因为很多人在日常生活中对于理财有着诸多的误解，容易走进理财误区。当你对一种事物产生误解的话，便很难从中寻找到真理。因此，建议这些朋友多看看下面的建议,给自己的人生打开另一道门。

在多数人的观念中,理财就是省钱,就要降低生活质量,理财太复杂,因此自己做不来,殊不知,这些都是错误的理财观念,可以说,很多人就这样不知不觉中走进了理财误区。

误区1:理财就是投资赚钱

谈到理财,一般人想到的是投资赚钱。有的朋友说:理财啊?我也想啊,有什么好的股票推荐给我?有的朋友说:还是买基金,投资房产?或者自己做生意?当然,理财包括投资赚钱,但不仅仅是这些,赚钱只是一时之事,而理财是一生的财务安排和规划。理财的目的不是赚多少钱,而是保证财务安全,追求财务自由。

投资可能赚也可能赔,而理财追求的是家庭或个人财务的稳定安全,投资收益平稳,以及养老规划等。理财是战略,讲究布局、资产管理和财富配置。

误区2:理财就是省钱,要降低生活质量

在不少热衷消费的群体中,认为"理财"等于"节约",进而联想到理财会降低花钱的乐趣与生活品质。对于喜爱享受消费快感的年轻女性来说,心理上难免会不屑于理财,或觉得离她们太遥远。钱越多,生活质量越好,享受层面越丰富,但如果没有计划,大手大脚乱花钱消费,会在真正需要用钱的时候无能为力。

也有一些女性朋友明明收入不低,却舍不得消费,能挣钱不会花钱,过度地节约。理财的目的是为了生活得更好,过度省钱同样不可取。

理财的另一个目标就是在自己的经济能力范围内,花同样的钱,过更高质量的生活,而不是为了未来而降低当下的生活质量。要合理运用我们手中的金钱，量入为出，适当提高生活水平，快乐幸福地享受每一天。

误区3：理财太复杂，做不来

理财需要一定的技巧，但更需要正确的观念、时间和耐心。其实，只要在理财上多用点心思，比想象的要简单很多。

理财第一步，就是了解家庭财务现状。最好通过记账掌握家庭里有哪些资产，哪些债务，每月固定收入和日常支出各是多少，有哪些投资，投资收益情况和投资比例各是多少，有哪些保险，如果家庭收入较高的成员失业该如何继续维持家庭生活质量。了解了这些信息，理财就变得容易多了。

误区4：我没钱，没必要理财

不少刚刚参加工作的年轻人认为："理财是有钱人的事，我的钱都不够自己花，哪需要理财啊？"恰恰相反，越是没钱，越应该理财，越应及早掌握理财技巧，通过理财"脱贫"，开始适合自己的人生理财规划。

"十分之一法则"比较适合普通人理财，该法则是指将收入的十分之一存起来进行投资，积少成多，将来会有足够的资金用于理财。假如你每月有3000元的收入，每月拿出300元来，一年下来不算利息就可存3600元。如果每月拿这300元进行基金定投，逐年累计下来收入更不可小觑，而且，在选基金的过程中也获得了投资理财经验。

误区5：只心动不行动

有朋友在看到电视里的理财节目、杂志上的理财文章时，当时会想，我明天一定要开始理财，可是今天拖明天，明天拖后天，慢慢地，理财的心也淡下来了。我们要知道你不理财，财不理你，心动了，就立即行动吧。

多关注理财信息，多学习理财知识，做好理财计划。一方面，有效地花钱，让有限的钱发挥最大效用，既满足日常生活所需，又提高生活质量；另一方面，通过开源节流投资等增加收入，不断积累财富，达到自己的目标。

特别是女性，传统思想中，女人的幸福建立在丈夫和儿女的身上。但是，这样的观念早已不适应现代生活，女人经济独立可以说是人格独立和人生幸福的基础。女人要想经济上独立，仅仅有一些固定的收入是远远不够的，必须要懂理财会投资，而那些不把理财当回事的女人注定难以实现经济上的独立，注定终日为钱忧虑。

第二章
做好人生不同阶段的理财规划

20岁的你,也许正在憧憬着属于自己的温馨甜蜜的小窝;30岁的你,也许正经营自己蒸蒸日上的事业;40岁的你,也许已经从容淡定、宠辱不惊。但是,无论身在何时,我们都无法不面对一个现实,那就是随时随地要理财。

不同人生阶段,理财重点不同

人生阶段不同,承受风险不同,合理规划降低风险。

对于每个人来说,理财不仅仅是为了经济收入,更多的是一个家庭的合理规划,工作收入是固定的,而理财收入则是无限可能的。理财要随生命周期的不同而异,不同阶段应有相应的理财方法。

阶段1:20~30岁——初涉职场的"月光族"

这个阶段的年轻人大多还处于单身或准备成家阶段,大多数没有储蓄观念,"拼命地赚钱,潇洒地花钱"是其座右铭。因此常听到有很多年轻人振振有词地说:"钱是赚出来的,不是省出来的。"话虽有理,但赚钱需要有赚钱的本领，只靠埋头苦干是不行的，要学会让钱也帮自己去赚钱。

其次，做好投资规划。这一时期经济收入虽然低，但不必要的开支尽量省掉，这样一方面可以积累投资经验，另一方面还可以为结婚准备本钱。

阶段 2：30~40 岁——初为父母

步入二人世界的年轻人，随着家庭收入及成员的增加，开始思考生活的规划。为把家庭变成真正的避风港，需要进行家庭风险规划，建立家庭风险基金，增加保险等未来保障型产品。

这一阶段的家庭一般都背着房贷、车贷等贷款，因此在理财方面，首先要先架上一层安全网，也就是说要做好家庭的保险规划，健康保险和意外保险是此阶段必不可少的。

另外，随着小宝宝的出生，孩子的教育规划不可忽视。

最后，金融资产投资方面，此阶段家庭的抗风险能力相对较强，不妨考虑一些相对激进的产品，让自己的获利机会更大一些，但切记不要把鸡蛋放在同一个篮子里。

阶段 3：40~50 岁——有老有小的"夹心层"

这一阶段的中年人虽然工作稳定，但上有老，下有小，孩子的教育费用猛增，父母的身体也开始走下坡路。此时应把孩子的教育费用和家庭生活费用作为理财的重点，确保子女顺利完成学业，父母顺利地安度晚年。

风险管理也成为此时的第一要务，投资策略也要从之前的激进改为稳健，要选择一定比例低风险的产品，家庭紧急备用金的比例也要增加，至少应为月支出的六倍以上。

阶段4：50~60岁——饱经历练的沧桑人

这一阶段的男女工作能力、工作经验、经济状况都已达到最佳状态，加上子女开始独立，家庭负担逐渐减轻，理财也应侧重于扩大投资。

不过这个阶段一旦风险投资失败，就会葬送一生积累的财富。所以在投资工具的选择上，不建议选择过多的高风险投资产品，应先选择固定收益类的产品，收益高于银行储蓄即可。随着退休年龄逐步接近，对于风险性投资产品应逐渐减少。

阶段5：60岁以上——健康第一，安享晚年

人生到了这个阶段，大多数已真正退休。投资和花费通常都比较保守，此时理财的原则应是身体第一、财富第二。

理财方式必须要以稳健为主，保本在这时比什么都重要，最好不要再进行新的投资，以前的投资产品也应把高风险的产品逐步转换为低风险的产品。这一阶段的家庭紧急备用金也要准备月支出的12倍。以备急用，投资产品以信托公司的固定收益类产品和银行的短期理财产品为主。

建立资产明细表，理清财务现状

清晰自己的财务状况，这样"退可守，进可攻"。

理财首先要了解自己的财务状况，提前了解投资理财的一些背景，这样"退可守，进可攻"，才能做到"知己知彼，百战不殆"，从而在理财的道路上走得较为顺利。

进入投资理财领域，大家都想有所斩获，或者想取得财富，或者想验证自己的能力或想法。理财首先要了解自己的财务状况，最好能建立简单的资产负债表、现金流量表，将自己现时和未来可能的收支情况了解清楚。

首先来看一下个人的资产负债表，具体内容如下：

资产——现金及活期存款、养老金、预付保险费、定期存款、国债、企业债、基金及股票、期权及期货、贵金属、艺术品、实业投资、房地产、汽车及家电、其他，资产总计；

负债——短期借款、应付账单、信用卡贷款余额、消费贷款余额、寿险费用、汽车贷款余额、房屋贷款余额、装修贷款、其他，负债总计。

接下来看看个人的现金流量表，具体内容如下：

收入——工资、奖金、利息、股息、证券买卖收益、其他，收入总计；

支出——日常支出（衣，服装；食，食品、外出就餐；住，房贷、房屋维修、水电气、家电、家具；行，交通、通讯；其他，参加各种宴请的份钱和过年的压岁钱等）、旅游、教育、医疗、保险、娱乐、补助父母、其他，支出总计。

当然，在编列的时候可以将大类合并，并且可以忽略一些小笔的开支。

在了解了自己近期及未来一段时间的收支之后，就可以对自己的收入做一定的安排。个人的财务规划主要包括两个项目：一是家庭的应急基金安排，安排数额要能够保证3~6个月的家庭正常支出，其中也可以做一些细节的安排，根据自己的收入情况在活期存款、短期定期存款和货币基金之间做合理的安排；二是投资账户管理，第一是储蓄计划，即定期存款投资组合、商业保险，第二是证券投资计划，即安排货币市场工具、各种债券、股票、基金和金融衍生工具的投资组合，第三是教育投资计划，包括个人教育投资和子女教育投资，第四是实业投资，第五是个人税务筹划。

起步期年轻人的理财三准则

处在事业起步阶段的年轻人，要好好打理钱财，全新出发。

我们身处一个瞬息万变的新经济时代，消费产品日新月异，投资品种五花八门，诱惑太多，陷阱也多，误区更多。此时，认清大势、把握机会，提倡理性消费、理性投资，无疑是起步期年轻人理财方式的重要取向。

起步期的年轻人人生处在25~30岁时，有如旭日东升，此刻，他们的生命最为亮丽。

这是一位踏入社会三年的年轻人与著名理财规划师的一段对话。

理财规划师：踏入职场三年的你，薪水都怎么运用？已经存了多少钱？打算以后过什么样的生活？10年、15年后，你的财务会是什么状况？

年轻人：感觉压力很大，感觉别人有车有房，我不敢想象自己的未来。

理财规划师：面对未来的人生路，你处在事业的起步阶段，全新出发，可要好好打理钱财。别人的车房都是建立在学会理财的基础上的，抽出时间学懂理财之道，为自己铺出一条扎实的财务康庄大道！

年轻人：我总感觉钱不禁花。

理财规划师：现代社会中，年轻人一定要做好钱财的规划，经济自主、有独立的能力，迎向美丽的人生前程。如果想法偏了，任意花钱，不懂得节制，生活形态也会扭曲变形。

年轻人：那我该如何建构扎实的财务基础？

理财规划师：养成正确的生活态度、消费习惯最重要。量入为出、存钱储蓄是理财的基本功。有资金才能规划保险、做投资，为未来的经济生活奠基。

理财规划师建议：一定要利用各式金融商品，为自己建构一道道理财防护罩，有独立的经济能力，进行理财规划的过程中，三大守则要记牢。

准则1：一定要储蓄、存钱

首先，一定要多存钱、多储蓄，手头上有节余、有能够运用的资金，才能用钱滚钱、才有办法抓住投资生财的机会。说到储蓄，好像压力很大,其实,就是养成适当的生活、消费习惯,把握几个原则就好,"量入为出"、避免"寅吃卯粮",简单说就是,不要每个月一进账就花光,甚至透支。

  26岁的李女士,活泼开朗、衣着时髦、留着时尚的发型,隔三岔五就换不同款式的名牌包。每次她踏入办公室,女同事们便会投过来羡慕的眼神,惊呼和赞叹,"这只表哪里买的?""这个包包很贵哦!""这件衣服真好看!"……此起彼落的称赞,总让李女士不由得涌起一阵高贵、时尚的兴奋感。

  只是,人前光鲜的李女士,每当拿着存折,见才到月中,账户里就空空如也,不免心头一阵迷茫;收到信用卡账单时,望着愈积愈多的欠款数字,心里更会闪过一丝紧张。怎么办?

  每次碰到这种情况,李女士都选择暂时忘却,然后告诉自己,反正欠款也不是一时还得清的;而且,每个月都还撑得过去,以后慢慢还就是了。

  随着时间的推移,李女士的高消费模式越来越放大,直到最后,发现月工资连信用卡里的最低还款额度都还不了时,李女士才感觉到自己的铺张浪费毁了自己。

准则2:对人生风险,一定要有规划

  漫漫人生,世事无常,最怕碰到不可预料的病痛。同时,也要考虑到未来——支持退休生活所需的钱财从哪来。要控制风险、建构防护网,最实用的工具就是保险。年轻人不妨从医疗保单着手,为自己筑起一道人生的保护墙。初期可以考虑选择低保费、高保障的医疗险,随后再将医疗保障时间拉长至终身。年轻人青春无限,健康活力,不过,还是要未雨绸缪，医疗险不可少，只要花小小的钱，就可为自己取得大大的保障。

准则3：投资未来，金融商品理财不可少

目前，光靠存款生利息，累积财富不易，还是要善用金融商品做投资，加速财富增长。各式金融商品中，股票风险大、挑选难；期货风险更大；不妨选择各式基金，作为踏入投资行业的第一步，跨入门槛低、几千元就可投资，平均年报酬率8%、12%，加上复利效果，长期下来，累积财富的功效更大。

如何通过兼职实现第二收入

我们应以本职工作为主，正确处理好本职与兼职之间的关系。

在做好本职工作的同时，找一份感兴趣的而且有利于自己发展的兼职，发展本职工作外的第二职业也是一项不错的选择，但我们要事先做好规划，使本职与兼职协调发展。

作为一种特殊的工作方式，兼职虽然没有保障，却受到越来越多的人青睐。做兼职的人很多，很多人事先没有做好充分的评估、准备和预防，结果导致本职、兼职都不保，钱没有赚到，工作也丢了；有些人却能很好地安排本职与兼职的时间、精力，使本职与兼职协调发展。因此我们在做兼职时，要事先做好规划，使本职与兼职协调发展，为自己赢得更多的发展机会。

1. 有兼职，更得为本职工作卖力

我们应以做好本职工作为主，正确处理好本职与兼职之间的关系，要有轻重缓急之分。兼职者首先要清楚，本职工作才是自己工作的重心。成功的兼职者不会因为兼职工作做得不亦乐乎而忘记了自己的本职工作，往往他们为了博得老板的好感，反而做工作会更卖力。这样万一自己的两份工作有冲突，偶然向老板请个假什么的也容易一些，但是切忌不能因此而总为兼职工作找借口请假。

陈女士是旅游学校毕业的，有导游证，她却没到旅行社工作，而是在 2004 年去了某影楼。她特别喜欢旅游，可是旅游的花费太大了，于是她在七八月份旅游高峰期到旅行社做兼职导游，这不仅能赚钱，还能游览各地的名山大川。做兼职不能放弃本来的工作，但是婚纱影楼的工作强度很大，每个月只有两天休息时间，于是，陈女士就找各种借口请假。影楼的老板非常体谅员工，一个小女孩天天工作，可能累病了，这也是可以理解的，但是一个月有 20 天的时间不是请病假就是请事假，这样的反常举动还是让老板开始注意观察她。老板发现她经常工作时没精神，有客人来了，也不主动去接待。

纸是包不住火的，老板终于知道陈女士在旅行社做兼职的事情。老板不反对员工做兼职，前提是不影响本职工作。为了兼职，扔下本职工作的人，不如把兼职变成本职。陈女士就是这样把本职和兼职工作都弄没了。

2. 选择兼职时，要有意识避开与本职工作高度相关的职业

从保护原公司的利益出发，员工在选择第二职业时，需要有意识回

避自己的本职工作，尤其是那些在公司里从事技术、公司战略发展研究、销售等职位的人。这些人应该明白，保护好原单位的企业秘密，也就是在一定程度上保护了自己的利益，因为只有企业发展好了，员工的各项权益才有保障。

范女士去年毕业于某外国语学院韩语系，在学校时她就是优等生。上大学时，她利用这个优势在假期到各大展会做翻译，这不仅增强了对话能力，还赚了钱。

范女士毕业后，顺利地到某语言培训中心当老师。老师可以和学生一样放假，和上学时候的时间差不多，就是上学时被别人教，现在教别人。

在假期，范女士依旧去展会做翻译，有时间还到杂志社翻译韩国小说，最有成就的一次是翻译了一本几万字的小说。开学后，她将假期发生的有趣事讲给学生听，还将一些有用的事融入课本中。

3. 将兼职作为改行或选择工作的跳板

兼职意味着比平时花费更多的时间和精力，比平时承受更大的压力，因此，我们最好在兼职之前，好好斟酌一下，为自己做个职业规划，根据这个规划来选择适合自己的兼职，利用兼职来积累专业能力与职场经验。

4. 要努力获得两个公司的认可

要取得主业老板和同事的认可与帮助，要有属于自己的未来工作计划及时间规则，并要让他们明白，你有能力在更短的时间内比别人完成更多的工作；同时要让兼职单位的老板和同事明白，你虽然只是一个兼职人员，但是有极强的职业道德和敬业精神，你是这个团体中的一员，并且是不可忽视的一员,以此来证明自己的价值与能力。

5. 善于利用有效手段保护自己的利益

如果你做的兼职不影响到原来公司的利益,那么你在兼职前最好和兼职单位签订合同并把报酬支付方式、支付时间、保险、工伤等情况都一一写进去,一旦发生劳务纠纷,可以据此提起申诉。

婚后女性如何用好"私房钱"

有了"私房钱",就可以享受其中的快乐,
并促进夫妻间的感情和谐。

女人的私房钱是归自己自由支配的部分。对于大多数女性来说,这部分"私房钱"未必是对方不知道的,但却是自己有绝对控制权的。并且这部分私房钱关键时刻也可以起到很大的作用。

古时候,出嫁的女子为了防止被丈夫或者婆家抛弃,会偷偷藏一些首饰和衣物,以免发生不幸后生活没有着落。流传至今,就有了"私房钱"的说法。私房钱除了应急之外,还有挽救危机的功效。存"私房钱"最初是由于女人对于爱情和婚姻的不信任,而金钱,恰恰是个人获得独立和安全感的前提。时至今日,存"私房钱"已经由不可告人的小行径逐渐发展成为可以放在台面上调侃、谈论的新话题。那么,女人的"私房钱"一般用在何处呢?

1. 用于支付娘家亲情

一旦女孩离了娘，就变成了女人。当娘家有事需用钱，而女人又没法开口要求婆家帮忙时，女人的私房钱就派上用场了。

2. 用于家庭应急

男人不比女人，有钱时用起来挥金如土，没钱时唉声叹气。如果女人有心，一天积个几元，或几十元，根据家庭的具体情况不同而定，日积月累，时间长了就是一个天文数字。如果有朝一日家里真有什么意外发生，到那时拿出来，绝对不亚于黄金万两。

3. 用于友人之间的应酬

男人要交友，女人也同样，也有自己的生活。要交往，用钱自然是在所难免的。如果花的钱是自己的私房钱，那花起来就大不一样，就会气度大方。赢得面子，获得大家的欢心，自己丈夫的脸上也光彩。

4. 让"私房钱"为婚姻保驾护航

我们可以相信为自己在经济上留了点后路的女人，都是非常珍惜婚姻的女人。不要把这种女人想象成随时都要抱着钱罐子弃船而逃的人，恰恰相反，她们了解婚姻，也了解婚姻关系的诸多可能性，于是她们才更懂得分寸、更晓得轻重。

"私房钱"对女性来说是一个良性的循环：有了"私房钱"，心里产生满足和充实，安全感也相对增加，就可以在享受中得到快乐，并有助于促进夫妻间的感情。所以，"私房钱"这事，不在于存不存，而在于怎么存，存的根本目的是什么。当然，这里面有一个最关键的技巧是——女人得让"私房钱"为婚姻起到保驾护航的作用，而不是相反。

第三章
工薪阶层攒出理财第一桶金

我们常常抱怨手中的钱不够用,一不小心就会陷入入不敷出的境地,其中的主要因素就是逞一时之欲,花钱没有计划。这样的人尤其需要进行合理的理财计划管理,这就需要我们平时制订一些花钱的计划,对这些花钱计划进行合理的整理,从而做到真正的精打细算,在一些不必要的花费上节省开销。

不攒钱的人,无财可理

不攒钱的人,是无财可理的,巧妇难为无米之炊。

理财的中心是管钱,它包括三个环节:攒钱、生钱和护钱。攒钱是理财的起点,不能攒钱的人,就会无财可理。那么,如何才能多攒钱呢?

第一,强制储蓄。比如每个月领到工资后,就把10%的工资存到银行去。

第二,计划消费。要有预算的观念,要养成记账的好习惯,经常检查,看看自己的钱都花到什么地方去了,花得是否合理。追查每一分钱的去处,最好的方法就是做好存折管理,因为现在大部分人都把钱存在银行，存折上会记载你在银行所有资金进出的记录。聪明的女性每个星期至少刷一次存折，或在网上银行查看金钱进出的状况，只要五分钟的时间，你就能了解每一分钱的来往状况，进而提醒自己要开源节流。聪明的女性会时时刻刻盯紧自己的收支状况，身边会有一个小账本，把每天的消费支出都记下来，然后每个月进行比较总结，看看哪些钱该花，哪些钱不该花，然后在下个月消费时就会注意，从而节省开支。

第三，尽量用现金付款。付现金和刷卡的感觉是不一样的，付现金是有感觉消费，刷卡则是无感觉消费，而无感觉消费会让你花掉更多的钱。

第四，将信用卡与储蓄卡捆绑起来。这样你就不会忘记还款，避免银行的高额罚息。信用卡日罚息万分之五，并且按月计复利（现在很多银行正在调整信用卡管理的条款）。千万别为了获得银行送的小礼品而去刷卡，那样做真的很幼稚。

第五，延迟消费。不要买最新款的消费品，任何一种消费品在刚刚推出来时，价格都是最高的。如果你能延迟你的消费欲望，过一段时间再买，肯定能获得不少实惠，余下来的钱就可以攒起来了。

第六，不要贷款买汽车。贷款买汽车是一个人财务状况恶化的表现，如果你一定要买汽车，又没有那么多钱，不妨去买一辆便宜的汽车，或者二手车，因为汽车无非就是个代步工具。如果你确实富有，一辆好汽车可以显示你的身份，那时候你肯定不需要贷款了。

第七，买自住房建议贷款。买自住房子，建议贷款，但是，每个月的还款额不要超过你月收入的30%，这样你就不会有太大的还款压力，万一银行利率上调，你还有回旋的余地。如果每个月的还款额达到你月收入的50%，你就成为房奴了，会觉得很难受的。

工资分割：搞清楚钱是从哪里偷偷溜走的

"君子爱财，取之有道，用之有方"，要找到合理的方法消费。

太多人懊丧地说：从工资单里看到自己赚了不少钱，但为什么平常用时却看不到钱，总是感到钱不够用？为何那么多人加入"月光族"的行列中？钱到底跑到哪里去了？逐步培养自己的理财观，该花钱的地方要花，不该花钱的地方，绝对不花。

在日常的生活消费当中，有些人经常会有这样的感觉，当每个月刚发工资时都比较富足，可是花着花着，却突然发现银行卡上没钱了，而此时距下次发工资的日子还有好长一段时间，这个时候，我们就会纳闷，我们卡上的钱去哪儿了？然后从上次发工资那天开始算起，算到最后，自己好像也没用钱干什么大事，也没有买什么较大的物件啊。

那卡上的钱怎么会不翼而飞呢？

钱没有腿不会自己跑掉，钱没有翅膀也不会自个儿飞走。说到底，钱还是被你自己用掉了。比如，有人一时兴起就办了张上千元的健身卡，还有人打着"自我充电"的旗号报了价钱昂贵的外语培训班，但最后总是因为种种原因不能坚持锻炼或培训。虽说为自己投资是好事，但在缺乏考量和计划的情况下，这些大笔支出往往容易成为浪费金钱的"重要窝点"。还有一些喜欢"血拼"的人们，或者患有流行的"折扣心动症"，或者在换季时节最容易"同情"商家们的"挥泪大甩卖"，每每总要在装饰和化妆品上无计划、无原则地支出一笔又一笔钱。结果到头来，那些衣服的使用寿命总是很短，或者索性被遗忘在某个角落里，金钱就这样一次次地被无端浪费。

古人说："君子爱财，取之有道，用之有方。"这个"方"字可以理解为节约、方法的意思，也就是我们要学会花钱。那么，怎么去花我们每个月的工资才叫作会花钱？

进行工资分割，这是会花钱的基础，把每个月的工资总额根据自己的实际消费内容进行分割，譬如你可以分割成以下几项。

伙食费、住宿费，这是每个月最基本的开支，也是较大的开支。

兴趣爱好费用，这个根据个人的实际情况去分割，比如每个月都固定购书、去户外运动，或者去超市购物等一些其他费用。

应急费用，主要用来应对每个月的一些突发消费，像朋友拜访、外出游玩、生病等一些不在意料之中的消费。

投资费用，如果你不想让你银行卡里的钱躺在卡里睡大觉，你可以拿出来进行投资，比如买基金、做小生意等，但是这项费用最好根据个人对金融市场的熟知程度决定投资，建议每个月的工资除去所有消费后剩余达到2000元以上而且有一定程度储蓄的再考虑投资。

孝敬父母费用，虽然父母现在大都不需要我们的钱，但是我们每个月给父母一点钱，是做儿女的一份心意，给多给少视自己的家庭经济情况而定。

留存储蓄，每个月分割出来的这部分钱，才是你可以确定拥有的现有资金，这部分钱显得尤为重要。

由于每个人的实际工资不一样，所以我们可以按照一定的比例，根据分割项去分配月工资总额，即制作一张月工资定额分配表，当每个月的收入变化或者分割项内容发生变化时，再进行适时的调整。

这样在月末时，你可以直接看出哪些项超支了，哪些项节约了，这样，你的工资也花得心知肚明。一个月下来，你会发现你不仅没有因为这种理财方法变得经济紧张，而且在你该花钱的地方都有钱可花，可以根据月底资金实际消费情况，对你的定额分配表的分割项和数目进行适时的增减调整。

这种个人理财方法看似显得比较繁杂而且花费时间，但能使我们逐渐养成健康合理的消费习惯。

记账与做预算

合理安排生活开支是一个简单而又困难的功课，
我们应从记账与做预算开始。

所有的财富都是从一点一滴储蓄积累开始建立起来的，财富积累的基础就是节余资金，也就等于收入减去支出，所以合理安排生活开支是理财非常重要的一个基础环节。要做到合理安排生活开支，一个简单而又困难的功课就是记账和做预算。

时下，"月光族"大军的规模一再"扩编"，越来越多的年轻人陷入几乎"入不敷出"的紧张中，其中很重要的一个原因就是不会合理控制开销。毕竟，收入仅仅来自一个月中的一天或两天，但花钱却是每天清晨睁开眼睛后就需要面对的事情。那么，对"月光"现象有何破解大法？如何才能有效控制开支，积累出更多的原始资金，为进一步的投资理财做好铺垫？对于一般工薪阶层而言，答案就在日常生活的点滴中。

我们认为，养成良好的消费习惯是实现成功财富人生的第一课。特别是对于那些月入8000元、消费10000元，甚至钱花在哪儿都不清楚的"月光一族"来说，好好补上这一课尤为重要。

做到合理安排生活开支一个简单而又困难的功课就是：记账和做预算。

每天最好能记账，并定期审计，了解和总结钱的流向，以便做出调整。记账另一个好处是，它能时时提醒我们，收入项目永远比支出项目少，收入可能只来自薪水，而支出却有食、衣、住、行、育、乐、奉养等各个项。一些每天不经意的开销，都会成为家庭财富中的"蛀虫"。

同时，当记账成为习惯，你的开销便开始得到控制，控制不必要的逛街，控制不必要的消费，闲置物品在减量中，你的未来将开始富足和丰富。

控制开销先要从做年度预算开始，首先你要知道你准备做哪些年度性的事务，如缴保险费、缴学费、装修甚至是买房子，同时，可以根据生活经验确定每个月的生活开支额度，明了每年甚至每个月需要花多少钱，才能有效地截流，控制住不该流出去的家庭收入，并让你清楚还有多少能力可以去做其他事务，比如各种投资。

其实记账和做预算对大部分还没有实施或者感觉实施起来有困难的家庭来说，最困难的就是前面三个月，养成了习惯，今后就比较容易了。我们在这里介绍一个简单的"入门法"供大家参考，具体做法是：

第一个月，开始将家庭的所有开支都做记录，不必很细，也不必每一分钱对上账。到月底将一个月的支出做一个汇总、分类，好好检讨一下，重点是找出钱都花在了什么地方，再看看哪些钱一定是要花的，哪些钱是可花可不花的，哪些钱是根本不应该花的。

第二个月，依据第一个月的消费情况，先制定一个预算，然后继续对所有开支做记录。到月底再检讨。这次，既要看钱都花在了哪儿，还要与预算对照,这样一方面调整预算,加强预算的准确性,另一方面要逐步养成用预算控制开支的习惯。

第三个月,继续照此法办理。起初,可能会觉得很麻烦,但以我的经验,大部分人三个月以后就可以逐步养成做预算、记账、用预算控制开销等良好的习惯了。一旦养成了习惯,有了花钱有计划的感觉,这个过程就非常简单易行了,甚至不需要再做详细书面的记录,筹划一下就可以了。

薪水致富三步骤

21世纪是"强迫"理财的时代,善于投资者才会愈来愈富。

同样领薪水过日子,彼此的生活水平却迥然不同,原因何在?其实只要用对方法,每月省下至少1/3的薪水,再用省下的钱做好投资理财规划,你也可以从薪水族翻身成为黄金贵族,走向富裕的道路。

"1/3"是原则,随着经验的累积与职务的调整,就能省下更多的钱,再加上适度的投资与理财,只要有决心,薪水致富绝非遥不可及!

21世纪是强迫投资理财的时代,善于投资者,愈来愈富。上班族想要致富有三大快捷方式。第一个途径是选对行业,借由高红利上班致富,如在科技业上班的科技新贵,靠分红配股致富。第二个途径是帮公司赚钱,借由高薪资上班致富,如企业的中高阶经理人或超级业务。

如果,你不在前两者之列,那么还有一条途径,就是投资理财,以此致富。利用小钱长期持续地投资在高报酬的投资组合,并做好资产配置及情绪管理,远离投资陷阱,利用复利效果,以钱滚钱来致富。

薪水致富步骤1:进职场,先买保险

专家建议刚进入职场的上班族,领到第一份薪水后,第一件要做的事是买保险。趁年轻买保险,不但保费便宜,也让自己有个基本保障。专家建议购买低成本就可以购得的高保障险种,例如定期寿险或是多功能的保险。一般上班族可以"保险双十定律"做规划,即保险额度为家庭年收入的十倍最恰当,总保费支出为年收入的10%最适宜。

薪水致富步骤2:学会记账,不作无谓消费

买了保险之后,接下来最重要的是学会记账。记账可以让自己清楚所有开支状况,从中了解有哪些消费是可以省下来的,进而把钱花在刀刃上,不做无谓的消费。

陈女士已经连续记账五六年,她每隔一段时间就会把之前的账本翻出来,重新检视,有时会从中发现,有些钱是不必花的。比如她曾经花了两三万元买了健身器材,没有用几次就束之高阁,当她重新审视账单时,很确定这笔钱是不该花的,一旦发现这种情形,陈女士就在账本上贴上便条纸做记号,提醒自己下一次不要再犯。

薪水致富步骤3:只花1/3的薪水

养成记账习惯,可以有效控制支出。用1/3薪水过日子,对有些人而言,可能觉得很困难,尤其是"月光族"更是难以控制消费欲望,但如果购物前先列清单,照着清单购买,就不会超支了。

第四章

会花钱也是一种理财

当你领到第一笔薪水的时候,你就要学着用这笔资金来安排自己的生活。如果分配合理,你的生活就会变得有序、轻松、幸福;反之,则会处处阻碍,甚至使你无法安心工作。人生路上难免会遇到风雨,要有未雨绸缪、居安思危的思想,因为俗话说:人无远虑,必有近忧。

节日是消费"重灾区",做好节后理财

> 节后理财最重要的就是对过节期间的支出、收入做总结盘点。

终于放假了!暂时搁置枯燥的工作,可以好好休息一番。如果不想在节假期间出游,那么,平时忙碌的你终于可以睡个悠长懒觉,然后大步走上街头"奢侈"一把了。但是假期"败家"之后,可不要忘记在钱财问题上收收心哦。

出于方便理财等多种因素,信用卡透支消费已成为春节、劳动节、国庆节这类长假的主流消费方式之一。统计显示,在大城市,长假期间消费至少有30%以上是刷卡买单的,而这之中又有近一半是通过信用

卡实现的。再加上节假日期间，在各大商场刷信用卡购物得积分可以换购很多礼品，这些诱人的礼品由于不需要花钱购买，只是用平时刷卡消费积累的积分换购，吸引很多人为了积分疯狂刷卡消费。

到了节假日，各家发卡机构更是推出了积分翻倍、积分换机票、消费打折、积分送礼品等诸多活动。积分换购是否真的如宣传的那样给你自己带来实惠，一定要谨慎对待。数据显示，长假过后经常是信用卡逾期还款的高发期，最多的原因是节后事太多、太忙，忘记还款，还有一部分是消费过度，无力支付。

节后理财要做的第一件事也是最重要的一件事就是对过节期间的支出、收入进行认真盘点。许多人在假日中消费得十分"匆忙"，并且没有进行计划性地安排消费的金额，至于支出、收入更是一本糊涂账。因而，节后要耐心地总结一下：花了多少钱、进了多少款、还有多少剩余。

对于那些"花钱控制力较弱"的女性朋友，做总结盘点尤其重要。因为这些人经常控制不住自己的消费欲望，导致假期里过度消费。节日狂欢过后，你应当将自己在节日期间的开销、剩余资金、各类还款、未来一段时间内的各类开销进行小结，明确财务现状。更重要的是，当前经济形势较为复杂，不确定因素较多，各行各业面临的情况也不太一样，应当对未来的收入预期打出一定的保留量，以顺利度过大量消费后的资金"真空期"。

仔细盘点后，如果发现资金缺口较大或者出现资金周转不灵的前兆，你应当通过一些理财小技巧度过这段时期。例如，今后一段时期内尽量使用信用卡，以延迟现金需求。在周转不灵又需要一定资金的情况下，可通过寻找短期兼职，获得流动现金，以解燃眉之急。

盘点完成之后，你应该已经十分清楚自己的财务现状了，在信用卡深入人心的当下，还信用卡的"欠账"将成为许多市民节后的首个重大支出，因此，应早做打算，避免因忙碌而遗忘，造成罚息等经济损失，还影响了自己的信用。

应在节后通过银行网站等方式及时查询自己的消费情况，做到心中有"账"。特别是在境外、异地刷卡消费的持卡人，应核对自己账单的明细项目，确认所有的消费都是自己的，没有可疑的消费记录。

由于还款日都是固定日期，持卡人应当在此前把透支的钱及时还上，否则将被处以万分之五的罚息。如果现金出现问题，可以暂时只还最低还款额，这样虽然会被银行收取利息，但不会影响信用，一旦现金足够了，赶紧全部还清。

除了在钱的方面要提前打算外，持卡人还应当在时间上也早做打算，节后往往是还款高峰，柜台前经常排长队。银行人士提醒，还款方式有多种多样，不一定要去柜台。持卡人可以绑定信用卡与借记卡，实现自动还款；也可通过网上银行划转资金还款；还可通过银联 ATM 机还款，目前还有"柜面通"业务，也能帮助持卡人轻松还款。

扣除要还的钱之外，如果还有节余，就可以着手进行新的投资理财计划了。事实上，经过了许多的财富动荡，许多投资者都认识了投资市场的魅力和风险。加上近一段时间，国际金融环境较为动荡，世界经济存在着许多不确定的因素，国内股市、理财市场等各方面都有较大的变动。女性朋友更是需要结合个人和家庭的各项收支情况，对手头的资金重新进行一番梳理以及对未来进行一番合理的规划，挑选合适的理财产品，达到收益的最大化。

世界那么大，如何旅行舒心又省钱

如果没有雄厚的财力，我们就选择简单实惠的出行方式。

衣食住行是人类最基本的生活方式，随着生活水平的提高和工作压力的加大，很多人会选择假期外出旅游，放松自己的心情。人们在旅游的时候，会放下心灵的重负，会放下工作的重压，亲近大自然，获得新的生命力和愉快的心情。外出旅游是一项重要的支出，怎样在旅游时花更少的钱享受更舒心的旅程呢？

随着人们生活水平的提高，越来越多的人倾向于出门旅游这种享受生活的方式，但我们大多数人都是工薪族，并没有很多的钱可以让自己进行奢华的旅程，但我们又克制不了自己出行的欲望，我们就选择简单实惠的出行方式，这样即使自己没有雄厚的财力，也可以时常过过旅游的瘾。

1. 淡季出行是省钱的基础

一般来说，一个景点有淡季和旺季之分，淡季旅游时，不仅车好坐，而且由于游人少，一些宾馆在住宿上都有优惠，可以打折，高的可达50%以上。在吃的问题上，饭店也有不同的优惠。因此说，仅此一项，淡季旅游比旺季在费用上起码要少支出30%以上。

2. 路线设计合理，少走重复路，省下的是大钱

我们在外出旅游时，首先对自己旅游的景区要有大概的了解，从中找出这个景区最具特色的地方在哪里，必须要去的地方又在哪处。在去观赏这些地方时，对一些景点也要筛选，重复建造的景观就不必去了，因为这些景点到处都有。其次是在旅游时，尽量别坐缆车或索道，许多景点最好亲自走一遭，既省钱，又能体会到它的魅力所在。也应拿出一点时间，去逛大街，看看景区和城市的风土人情，因为这么闲逛不需要花钱买门票，但这样一玩，却能玩出好心情，因为它可以长知识，也可以陶冶性情。

3. 选择经济实惠的旅行工具

对自费旅游者来说，首先必须选择交通工具。坐火车时间长，飞机时间短，这是众所周知的，但这一长一短，却形成了价格差。对收入不高的普通家庭来说，全家外出，选择来回乘火车，是比较划算的。再说，乘火车与家人或朋友共度旅途生活，其实也是一种旅游方式。再加上火车提速，为普通百姓自费旅游提供了比以前更多便利，由此看来，选择乘火车外出旅游，适合大多数家庭经济能力。

乘船有时省钱又省去了转车的麻烦。比如从重庆登船沿长江而下，到武汉上岸，沿途饱览长江风光，一张船票就可以了。

如果选择乘飞机，最好委托某个旅行社代订机票或享受某个会员制机构的会员待遇。在网络盛行的今天，"网上凑团"风行全世界，有共同飞行需要的网民在网上凑份子，达到一定人数后，自然可以从航空公司拿到集体票价。

4. 游玩旅游景点交通工具的选择

到达旅游目的地后，往返旅游景点的交通工具很多，有旅游专车、公交车、出租车等。从经济角度来讲，不如自己购买一张导游图，依导游图的乘车线路，乘公交车游玩要省钱得多；从方便的角度来看，公交车虽不如出租车或旅游车，但从自由这一点来说，乘公交车游玩要方便得多，因为可根据个人对景点的喜爱程度自由支配每个景点的游玩时间。

打的或包车时，应问清楚司机是否是去你要去的目的地，如果是，则可以顺路便宜些；如果碰上别人包的车返回时，则可以有更大的还价空间，因为一般司机都会把回程的油钱算在包单程的人身上，就是说已经有人帮你把油钱出了。

5. 景点门票避"通"就"分"

近年来，不少旅游区都出售"通票"，这种"一票通"的门票，虽然有节约旅游售票时间的好处，而且比分别单个买旅游景点的门票所花的钱加起来也要便宜一些，但是，大多数旅游者往往不可能将一个旅游区的所有景点都玩个遍。鉴于此，游客将两种票价和景点之间的"利"分析后再决定买哪一种票，不要不做分析就胡乱买票，这样，反倒能省下些钱来。

6. 选旅游团要货比三家

旅行社、地方旅游局、航空公司为打响某一新的旅游线路知名度，经常联手搞优惠促销活动，一定要多多关注这方面的信息。此类活动通常会由目的地旅游局出资，航空公司和旅行社方共同定出推广期优惠价，有时还会采取增加常规航线以外的旅游项目或赠礼物品的形式以达到促销的目的。在推广期参团，可以享受有保障的"物超所值"的服务。

在选择旅游团时，一定要看清报价，不要被低价格所迷惑。旅游线路的报价主要由七部分构成：交通费、住宿费、餐费、景点门票费、导游服务费、旅游意外保险费和其他旅游过程中要支出的直接费用，即旅游综合服务费。所以要仔细查看费用包括了哪些项目。有的团虽然价格便宜，但出行后有各种自费项目，到时花费反而更高。

7. 出门旅行，住宿要巧选择

我们出门旅行，首先可在出游之前打听一下要去的地点，是否有熟人。如果有熟人，托熟人帮自己预订房间，毕竟熟人对当地的消费有较深的了解。然后将钱通过网银或者银行转账转付给他。

如果当地没熟人，可以到达旅游地之后再选择旅馆，要尽可能避免入住在汽车火车站旁边的旅馆，可选择一些交通较方便、处于不太繁华地段的旅馆，因为这些旅馆在价位上比火车站、汽车站旁边的旅馆要便宜得多，而且这些地段的旅馆还可打折、优惠。若是要住星级宾馆，也可以追求合理的价格。只要不是游客爆满季节，两星级以上酒店的前台大都有权给予宾客适当幅度优惠。

8. 出门旅行，要吃就吃特色小吃

出门旅游，没必要进当地的高档饭店吃饭，再高级的饭馆，也做不出"月球餐"来，我们平常吃的萝卜白菜，到哪去也还是萝卜白菜，只是码在不同的盘里而已。若想在食上省钱，就尽量多品尝当地的特色小吃。这些东西虽不贵，却是地地道道的本地味，而且能流传至今，肯定有诱人的味道。同样的特色小吃，高档餐馆和街边小店的价钱相去甚远，如果你在一地逗留两天以上，又禁不住"老字号"的诱惑，可以专门去吃一顿，但仅限一两顿而已，多吃也无益，反倒花不少冤枉钱。这一两

顿，只是为满足你的"正宗心理"。

名声在外的馆子一般都不便宜。你可以到当地人气很旺的餐馆或大排档，通常这些地方食物正宗，价格不贵，同时也可领略当地人的生活。吃当地特产如海鲜时，可以自己到海鲜批发市场或农贸市场买，然后拿到餐馆加工，但应先了解餐馆的一般加工价格；如果吃低档海鲜就没有这样做的必要了。

9. 出门购物有绝招

出门旅行时，首先做到克制自己的购买欲，在旅游中尽量少买东西，因为买了东西不便旅行，旅游区一般物价较高，买了东西也并不划算。无论是购买旅游纪念品还是购买旅游中的食物、饮料，抑或购买当地的土特产品和名牌产品，都不必在旅游景区买，应改为专门花上一点时间跑跑市场，甚至可以逛夜市购买。真正体现该地区人文、历史风情的物品，未必会在景区里出售。到一地旅游也有必要购买些物品，一是馈赠亲朋，二是做纪念。那么，买什么好呢？一般只是购买一些本地产的且价格优于自己所在地的物品。

逛超市用点"小心机"

多逛超市，货比三家会发现更多乐趣。

懂得理财也许是经济危机给我们的最大启示，不管是企业的老板，还是个人，在特殊的经济条件下，理财成为越来越多人关注的焦点。

1. 根据超市实惠购买你所需的商品

买东西时千万不要在同一个超市里买，超市之间的竞争很激烈，商品的价格都不会相差很大的，所以为了吸引顾客的光临，有些超市都会拿出部分商品低价销售，因为顾客不可能只买一样特价商品吧。所以你买一样很便宜的东西，却买了十样或者更多很贵的东西，这样1:10的比例，超市赚了你更多。

2. 不刷信用卡，付现金

很多人在超市购物喜欢刷信用卡，以为刷信用卡很神气。不管免年费省利息还是有积分礼品，这都是引诱你大刷信用卡的理由，会造成不节制不理性的超市消费，因为结账时没有花钱如流水的感觉。其实就像我们把百元大钞找零后，花起来的时间会更快，有时一张百元大钞也许放一个星期都不舍得用，但是一旦换成零钱了，一张张用起来就没有了感觉。

3. 结账时，丢一样

或许有些人进入超市就会拿个购物篮，首先是把自己需要买的东西先买好，但是在买需要的商品时总会看到一些很便宜而自己可要可不要的商品，有时会顺手放进购物篮，其实遇到这样的情况可以在结账时丢掉一样可买可不买的东西，丢掉一样是一样，每天省一点，积少成多。

4. 周末购物，带回特别的惊喜

如果可能的话，尽量将购物的时间安排在周末。周末虽然人多一些，但商家因此也会推出一些酬宾活动。周末的面包多半是买大送小，牛奶也会在周末买一赠一，所以，在周末买特价商品也是省钱之道。

5. 逛超市一定要提前准备些零钱，主要是一角的

其实随着社会的发展，生活水平的提高，零钱越来越少了，平时钱包里有一角两角的都会清理出来，但在购买东西付款的时候，有时一角钱，有的超市会用一块糖，或者一个果冻找零儿，如果多准备些零钱，就不会遭遇这种情况，而且这些零钱又可以不断存整。

6. 结账时要记得核对账单

核对账单是为了避免由于收银员的疏忽，而将所购物品的数量打错。很多人排队的时候，有时候收银员会把后面人的商品误认为是你买的，其实那东西不是你买的，所以必须当场核对账单，发现问题可以当场解决，省得离开柜台说不清了，造成不必要的损失。

7. 选择晚上 8 点以后去超市买蔬菜、面包、熟食等有保质期的商品

因为超市一般都希望当天的蔬菜当天卖出去，特别是一些蔬菜有保鲜时间，所以超市里一般都会在晚上降价，把这些蔬菜处理掉，因为这些蔬菜如果没有卖出去，可能会烂掉。同样面包和烤鸡、烤鸭都有保质期，如果当天没卖掉也会坏掉的，所以这些东西一般在晚上 8 点后都会大甩卖的，很便宜。

团购、DIY、预定和二手货，完善你的消费计划

团购、DIY、预定和二手货，
堪称现代消费活动中的省钱"四大绝招"。

团购、DIY（自己动手做）、预定和二手货，我们并不陌生，尤其是对于拥有强烈的消费欲望的女性来说，这些几乎是不可缺少的生活方式，倘若女性朋友能够合理地规划自己的这些生活方式，你就可以省下一笔不小的生活开支。

物价飞涨，与我们生活息息相关的衣食住行都涨价，干瘪的荷包日渐消瘦，可是生活仍然要继续，看到漂亮的衣服、心仪的玩意儿还是会心动，挣扎过后还是会把它们带回家。倘若我们在购买物品时能够打好团购牌、DIY（自己动手做）牌、预定牌和二手货这四张牌，我们就能更好地完善自己的消费计划。

1. 团购：省钱、省时又省心

团购这种消费模式已经很成熟。通过网络团购，可以将被动的分散购买变成主动的大宗购买，所以购买同样质量的产品，能够享受更低的价格和更优质的服务。通过参加团购更多地了解产品的规格、性能、合理价格区间，并参考团购组织者和其他购买者对产品客观公正的评价，在购买和服务过程中占据主动地位，真正买到质量好、服务好、价格合理、称心如意的产品，达到省时、省心、省力、省钱的目的。

但是，我们要注意不要参加个体行为组织的团购，这种个体行为的团购货源与售后的服务无法保障。目前各大城市都有专业的团购组织，属于公司行为，他们的团购价格一般比个体购买的价格低很多，而且他们与商家的合作有合同和法律的约束，一般货源与售后服务可以得到保障。

2. DIY（自己动手做）：既省钱又可增加生活情趣

爱美之心人皆有之，很多女性用于衣服和美容上的费用占了生活开支中相当大的一部分，倘若，我们能够在一些事上做到自己亲自动手，我们就可以省下相当大的一部分开支，还可以通过动手增加生活情趣。

衣服类：DIY改动时尽量选择同材质的衣物，方便接头的缝纫，因为有的材质例如真丝、雪纺可能在针线脚处容易挣脱开线。混搭之后，颜色尽量不要太多，不然看上去会很杂，反而会削弱衣服的特色。多件衣服拼凑时，要尽量简单，不可能把所有自己想要的元素都放在同一件衣服上，那会看上去很繁重。

美容类：首先要清楚自己的肤质，不要将自己的脸当成一块试验田，什么都往脸上抹，要找对适合自己的东西。其次挑选新鲜的材料，掌握使用量，一次性使用完毕，可以避免二次污染。现在的大超市卖场里应有尽有，只要仔细挑选一定能买到自己想要的。再者还要准备用于DIY的美容器具，这些小东西在超市的生活区都能找到，要保持它们的干净卫生。

家居类：在家用电器的开关、插座上粘贴蕾丝花边已经不算稀奇的事儿。十字绣至今依旧盛行，而且花样百出，枕头、靠垫、壁挂甚至是鞋垫，都能绣上你想要的图案，只要你肯花时间、下功夫，这些自然不在话下。十字绣的成本不高，这些小东西完成的时间也不会太长，比起去买已经完工的绣品，价格真的不是可以同日而语的。

3. 预订：选择性价比更实惠的消费

无论是出差公干还是出外旅行，预订酒店都是非常普遍的问题，该住酒店的还得住酒店，这个时候预订牌的优势就凸显出来了。

通过订房网络在酒店预订房间是最经济的办法，顾客通过网络可以货比三家，找到自己满意的酒店，而且这种方式一般比较简洁，只需在网络上输入一些信息，就立即可以查到自己所想要的酒店客房信息。选择网络预订方式，一般会给顾客以积分卡之类的优惠服务措施，鼓励顾客通过此网络多预订客房，客人也确实可以从积分卡上获得一定的优惠。如果只订一次房间，顾客可以选择不接受积分卡，通过一些网络订房更便宜一些。

4. 二手货：便宜又实用

旧物品有个稍微时髦的新称呼，叫"二手货"，旧家具、手机、电脑、其他家用电器，到汽车、房子，统统都有二手货。

少有一件旧物称得上完美，它不是这里有缺陷就是那里有瑕疵，就算它什么毛病也没有，完全健康，也会带一个你不喜欢的"旧"字。对旧物的接受，对其价值的重新评估，并非完全出于经济的原因。同样的物品，无关乎精神寄托，只要它健全，功能齐备，便已达到使用条件，其实新旧并无区别。二手货有一个讨人喜欢的地方，价钱便宜。你不用花太多的价钱，即可实现拥有一件实用物品的愿望，这将大大减轻你的经济负担。工薪阶级购物，自然是以省钱、实用为基本原则的。

"购物狂"如何开源节流

开源节流是一种包含自我约束和远景规划的精神实践。

你也许不是那种冲动的购物狂，但是你还是需要知道开源节流非常重要。它是一种包含自我约束和远景规划的精神实践。最严谨自律的人碰到"钱"也会出点问题，比如怎么存钱、怎么少花钱、怎么做到二者兼顾。

尽管你的财务目标可能和别人不同，还是可以建立一个简单的模式来避免买些并不需要的东西，从而省下钱以备不时之需。下面介绍的这六种方法，教你轻松实现开源节流。

1. 存小钱买大件

这个方法类似于经典的"信封"诀窍，而又不失现代社会的便利性。看到闪闪发光的新手机在向你招手？立刻给自己准备一个名为"新手机"的银行储蓄卡或者储蓄罐，一有小钱都存在这个账户，同时保证不花掉里面的钱。随着积攒越来越多，你一定会攒够买新手机的钱，而且是非常踏实地买下它，而不是用信用卡透支的方式。

2. 购物省了多少钱，就存多少钱

本来 200 块钱的裙子，现在打九折，你 180 元就买到了，那剩下的 20 块钱怎么花，你应该存下这 20 块钱，反正本来你也没有期待这笔"横财"。

3. 为奢侈品消费建立一个"等待"原则

很多人都知道"后悔药"是什么滋味，特别是当你刚花掉一大笔钱的时候。你可以建立一个"等待"列表，把你想要购买的东西列在这张表中，至少 30 天之后再回头看它。一旦养成了这种习惯，它可以帮助你分清真实的购物需求。

4. 消费狂人，请冰冻你的信用卡

如果你每次揣着信用卡去逛商场，那么，你的消费观确实存在问题了。信用卡里的钱并不是你的钱，而是你向银行借的，用借来的钱买东西，心里会不会有压力！让信用卡待在家里睡大觉吧，等工资发下来了，再去买自己中意的商品。

5. 找折扣店

如果你非要花钱买东西不可，干嘛不找些好卖场？如同现在很多的省钱工具一样，你也一定有很多找便宜买卖的办法。一些折扣网站和比价网站，它们可以帮你找到优惠券、打折卡，甚至跳楼大甩卖。有的网站会自动弹出窗口告诉你哪里有免费赠品和打折商品。

6. 为不必要的商品列一张"我不需要它们"表

自我实现往往是成功的自我哄骗。你会发现所谓的"我现在非买不可的东西"其实多数是不必要的。每次你意识到某样东西不是必需的,你就把它记在一张表上,很快你会发现,这张"我不需要它们"的列表有多长,同时你也会发现离开这些东西,你照样过日子。

第三篇
有钱又有闲：
投资族必知的投资理财工具

君子爱财，取之有道。投资者爱财，应选择较好的投资工具。投资工具是多种多样的，通往财富殿堂的投资列车的道路也是多种多样的，但聪明的投资者总是善于从繁多的投资工具中选择最恰当也是最快能够到达财富殿堂的那趟投资列车。

第一章

储蓄：重在聚沙成塔

银行储蓄是人们日常生活中常见的储蓄财产的方式，但大多数人并不是十分清楚银行的储蓄种类，从而不能为自己选择更为便捷有效的高利息储蓄种类。这一章，我们就为大家介绍一些储蓄的基本常识，以期广大的朋友能够制订合理的储蓄计划，做个懂投资会理财的聪明人。

存钱，为理财准备第一桶金

存钱是为了保障，

也为了给自己的理财计划准备第一桶金。

大多数的人都是把钱存在银行的，但他们的目的却又不同，有的人是为了利息，有的人是为了消费，每个人都有自己的想法。这些目的、计划，是为了进一步实现财富的积累打基础。存钱不是目的，如果钱只存下来不投资不理财，不让钱生钱，那就等于贬值。所以，光存钱没有用，还得让属于自己的钱生钱。

存钱是为了保障，也为了给自己的理财计划准备第一桶金。表面上理财和存钱没有关系，其实，理财计划和存钱大业有着千丝万缕的关系。怎么让自己的钱生钱呢？这就涉及了投资理财。我们这里要说的不是怎么投资理财，而是怎么制订理财计划。

制订理财计划，简单地说，就是根据自己的投资倾向，将家庭现在可用的资金，按照比例划分好之后均等投资，不把鸡蛋放在同一篮子里，同时在获得最大收益的时候，规避风险，保证自己的家庭不因为投资失误而陷入困境。例如，根据算好家庭中现有的可活用资金和未来几年中的收入情况，将现有的活用资金和每个月家庭结余的百分之多少放在基金上，百分之多少购买黄金，百分之多少用来给孩子做未来的教育基金，百分之多少用来应付孩子的择校费用，百分之多少用来买车，百分之多少用来购买第二套房子，百分之多少用来储蓄，等等。

这个具体的比例，各个家庭根据收入多少、稳定程度、现有资金、负担情况等特定情况酌情分配。夫妻两人都年轻，收入高，孩子小的，就放多一些比例在基金，少放一些在定投；如果夫妻两人都人到中年，事业进入瓶颈期，孩子正在上学，父母年事已高的，就多放一些比例在储蓄，少放些在基金和黄金上。

这个理财计划中各个部分比例的分配，其实要根据自己家庭的实际情况制订，制订好了后，就要严格执行。不要看现在股市好了，就把所有的钱都放在股市，看见黄金好了，就把所有的钱都投在黄金上，这样做，只会增大投资风险，于家庭稳定没有任何帮助。我不排除有人确实将所有的钱都放在股市，然后赶上行情大赚特赚的情况，但是，在行情不好的时候，这样做的损失也是有目共睹的。所以，当你不能确定自己总能够顺利逃顶时，不能保证自己总能在熊市中顺利脱身时，那么，还是不要这样冒风险比较好。

所以，在规规矩矩地把理财计划做好后，要严格按照这个计划实施，不为一时的热门投资所迷惑，按部就班，稳扎稳打，一步一个脚印，让自己的小家的经济建立在收益和安全的双重保障上。

存钱，归根结底，是为了以后两个人遇到点什么事情有个准备，以后老了，老有所依，老有所靠，不给孩子增加负担，自己也能过上相对舒服的退休生活。这个目标贯穿在整个存钱计划中。可是，每个人都有购物的欲望，都有看到好东西想买回家的念头，这种欲望和念头，要想长时间控制在一个范围内，按计划购买，不随心所欲，其实不是件容易的事情。控制住这种消费欲望的最重要的理由，就是要存钱，要按计划花钱，而要存钱的理由，就是为了家庭的将来——为了我们自己，还有孩子，为了自己的小家庭有个坚实的经济基础，有个稳定的避风港。

有了这个信念，那么无论在购物的时候遇到多大的诱惑，都可以从容面对。这样，我们就会发现，为了我们的家庭的将来，为了我们温暖的小家有一个坚实的经济后盾，暂时控制一下自己的购物欲望也不是那么难的。

储蓄也能让钱包尽快充实

只要好好把握支出，巧妙利用储蓄节流，
就能让钱袋尽快充实起来。

刚参加工作的"月光族"总会错误地认为，自己每月工资节余不多，理财是一件遥不可及的事情。其实，理财的核心就是开源节流，即增加收入，节省支出。

1. "强制储蓄",积少成多

每月领取薪水后,把必要生活费和各项开支预留出来,存在活期银行卡上面,不用的时候可以按活期计息,用的时候随用随取卡上的钱,既赚取了活期利息,又避免了自己由于手中余钱多,超支预定的额度。

将生活费和各项开支以外的钱,采用"阶梯组合式"储蓄法存入银行。开始时,可以选择每月以固定资金存入3个月定期存款,从第四个月开始,每月便有一个存款到期。如果不提取,可办理转存为6个月、1年或2年的定期存款;之后在第4～6个月,每月再存入固定资金作为6个月的定期存期,依此类推,就可以保证每月都有一笔存款到期,同时可提取的数目也不断增加,如果不支取,则可以继续享受更高的利率。

强制储蓄,可减少日常生活中许多随意性的支出,每个月还有固定数目的钱到期,一旦生活中出现意外用钱的情况,可以从容应对。而且,储蓄一段时间后积攒下来,就是一笔不少的钱,把这笔钱作为启动资金,适当尝试风险性投资,让钱生钱,能不断积累更多的财富。

2. "意外储蓄",生财有道

在生活中,常常会有意外的惊喜发生,譬如获奖、稿酬、亲友馈赠以及其他临时性意外进账,可将此笔钱及时存入银行,开设专门的账户,选择基金定投———一种类似于"零存整取"的储蓄业务,按月、双月或季度,从此账户中扣款。

对于很多"月光族"来说,这笔钱不做定投,可能也不知花到哪里去了,做了定投,则可以获得较高的低风险投资回报,若干年以后,就会发现自己的银行资产,在不知不觉中增加了许多,从而达到加速财富积累的中期理财目标。

3. "分散储蓄"，攻守兼备

每月将净收入的 1/3 存入银行一年期的定期储蓄，等这张存单一年后到期时，连本带息转入下一年度的储蓄期，一年 12 个月，如此月月循环往复，一年中的任何一个月中，都会有一张定期存单到期可以取用，如果家庭有需要用钱的地方，只需要动用最近期限的一张存单，而不必动用其他的存单，避免了大笔金额因存在一张存款单上，单独取用一部分，而损失其他部分利息。

分散储蓄一来有利于筹集资金，二来可以最大限度地发挥储蓄的灵活性，尤其是对忙碌而无时间顾及理财的"月光族"来说，不失为一种理财的妙计。

王小姐是一家外资企业的雇员，月薪 4000 余元，每月生活花销 2000 元左右，除了留 1000 元做流动资金外，剩下的 1000 元全部用于储蓄。她每月开一张 1000 元一年期的存折，一年后就有 12 张 1000 元的一年期存折。第一张存折到期后，拿出本息再加上当月的 1000 元再存一年期定期，以此类推，手上始终有 12 张存折，而金额和利息也在不断地增长，因储蓄的流动性非常好，一旦急需用钱，可以随时支取到期或近期的储蓄，从而最大限度地减少利息损失。

4. "节约储蓄"，两全其美

作为"月光族"，如果不是迫切需要的东西，可以先将钱暂时存入储蓄卡内，一段时间后再考虑是否真的需要购买，避免冲动消费造成的不必要开支，或者退而求其次，购买同类型档次稍低些的商品，把节省下来的钱也存入储蓄卡内。如此坚持一段时间，你就会发现，既减少了不必要的开支,降低了消费成本,又无形当中储蓄了一笔不小的节约资金。

银行提供哪些基本的储蓄种类

充分地了解储蓄的种类,从而选择适合自己的储蓄方式。

投资理财离不开储蓄,但很多人在把钱存入银行时,之所以没有进行合理的规划,主要的原因是因为他们对储蓄的种类没有进行充分的了解,从而无法选择适合自己的储蓄方式。

基本的储蓄种类能适应人们的货币收支特点和资金活动规律。目前银行的储蓄种类一般分为定期和活期两类。

1. 定期储蓄

定期储蓄存款是指储户在存款时事先约定存期,一次或分次存入,一次或多次支取本金或利息的一种储蓄方式。一般来说,定期储蓄的存期与利率成正比。定期储蓄又分别设置了整存整取、零存整取和存本取息三种。

整存整取定期储蓄存款是指储户事先约定存期,本金一次存入,到期一次支取本息的一种储蓄方式。起存金额为50元,多存不限。我国银行现行的存期有3个月、6个月、1年、2年、3年和5年六个档次。开户时银行发给储户存单(折),到期凭存单(折)支取本息,为安全起见，要预留印鉴或密码，凭印鉴或密码支取，如储户急需资金，可凭身份证到原有行办理提前支取。这种储蓄存款的存期可以自由确定，存单（折）实行实名制，可以挂失，适合于有一笔较大数额的节余款项，且较长时间不用的储户。

零存整取定期储蓄存款是指储户开户时预先约定期限，逐月存入本金，到期一次性支取本息的一种定期储蓄。它具有计划性、约束性和积累性等特点。该储蓄品种起存点为1元，上不封顶。存期分1年、3年和5年三个档次，不办理部分提前支取。

存本取息定期储蓄是指储户一次存入整笔本金，按月或分次支取利息，到期支取本金的一种储蓄方式，起存金额为3000元。开户时，由储户确定一次性存入的金额，约定存款的期限和支取利息的次数。银行签发记名存单作为分次支付利息和归还本金的依据。为安全起见，可预留印鉴或密码。存期分1年、3年和5年三个档次。该储种不办理部分提前支取，如提前支取本金，已分期支付给储户的利息要全部扣回，再按实际存款计算应付利息。存本取息定期储蓄一般起存金额较高，适合于有大额积蓄并以利息补贴生活费用的储户。

2. 活期储蓄

活期储蓄是指开户时不约定期限，存取款数目不受限制，储户可随时存取的一种储蓄方式。活期储蓄存款来源于人们生活待用款项和滞留时间较短的手持现金。活期储蓄具有存取方便、灵活、适应性强、流动性大的特点。活期储蓄分活期存折储蓄、活期存单储蓄和活期支票储蓄三种。

活期存折储蓄是开办时间比较早的储种之一。开户时1元起存，多存不限，银行发给存折，以后可凭存折随时存取，每年6月30日结息一次，7月1日开始利息并入本金一并生息。未到结息日清户的可同时结清利息。为安全起见,开户时可以约定凭印鉴支取或凭电脑预留密码支取。银行开办代发工资业务后,一般将职工工资转入活期存折储蓄。

活期支票储蓄在开户时由储户申请,经银行审查信用同意后,发给储户活期支票证明卡、活期支票簿和现金存款单。开户时起存金额各银行有不同的规定,续存时可凭现金存款单存入现金,也可使用支票转账存入。取款时凭储户签发的支票办理支取现金或转账结算。储户不得签发空头支票,否则银行将按规定处以罚金。

3. 其他种类

定活两便储蓄。整笔存入本金,不定存期,随时可以支取的一种储蓄,其利息随存期长短而定,兼有定期储蓄和活期储蓄的特点。开户时发给储户定额或不定额存单,不定额存单采用记名形式,定额存单采用不记名形式,不挂失,可在同城本行各储蓄网点通兑。该储蓄的特点是不受时间限制,随时可取,保密性强,适用于时间不定的待用款项存储。

活期储蓄异地通存通兑储蓄。储户办理此项存款应先在当地开办此业务的银行申请开办,由银行发给专用活期存折,并约定在异地存取款时持合法身份证明,储户即可在当地银行存取款,也可凭约定证件到异地存取款。银行每笔业务收取手续费。该储种解决了人们外出携带巨额现金的不便。

定期储蓄一本通。该种储蓄是集人民币、外币等不同货币和多种存款于一折的整存整取储蓄存款方式,具有以下特点:为储户提供一个便于保管的储蓄账簿,可随时了解自己的存款情况;对银行来讲,省去了重复输入同一客户姓名、账户、地址的时间,提高了银行工作人员的办事效率;储户的多项存款只需一个账号,便于查询和挂失。

活期储蓄一本通。该种储蓄可以将同一储户名下的人民币、外币活期存款记录在一个存折上,它具有以下特点:便于保管,不同货币的活期存款在一个存折上记载,省去了原来同一客户有多种货币,需要开立若干个活期存折的麻烦和不便;便于参加个人外汇买卖交易。银行资金部为客户开设了个人外汇买卖,参与外汇交易的客户开立此种账户,在进行外汇买卖时可以在一个存折上进行多种货币买入卖出的转账,既快捷又方便。

通存通兑。目前银行普遍使用计算机处理业务并且联网,储户在任何一个联网储蓄所开户后,都可以在其他联网所办理续存支取。该项业务范围包括:活期储蓄的续存、取款和转存;整存整取定期储蓄的提前支取、到期支取、逾期支取和转存等。

教育储蓄。目前除了教育储蓄外,各期限和种类的储蓄存款都要缴纳5%的利息税,如果家里有子女正在接受义务教育(小学四年级或以上),家长需要为其未来的出国留学、本科或研究生学习及其他非义务教育积蓄资金,可以选择教育储蓄方式作为储蓄存款形式。

现在多数银行都开办了教育储蓄免利息税储种,存期主要分为1年、3年、6年三个档次,一个户名能存两万元,最多可以享受三次免税政策,高中(中专)享受一次,大专和大学本科享受一次,硕士和博士研究生享受一次,这样一来,就会比普通同档次定期储蓄存款多收入5%的利息收益。

何为通知存款

> 朋友们，多了解一些理财的知识，
> 进而可以更加合理地规划自己的财产。

通知存款是一种不约定存期、支取时需提前通知银行、约定支取日期和金额方能支取的存款。个人通知存款不论实际存期多长，按存款人提前通知的期限长短划分为一天通知存款和七天通知存款两个品种。"一天通知存款"必须提前一天通知银行约定支取存款，"七天通知存款"则必须提前七天通知银行约定支取存款。人民币通知存款最低起存、最低支取和最低留存金额均为5万元，外币最低起存金额为1000美元等值外币。

1. 通知存款的方法

对于"七天通知存款"，银行将以7天为一周期自动转存并计算复利，所以，这样的存款业务和活、定期存款相比起来，是比较实惠的。当储户想要取款的时候，需提前七天通知银行约定取款，若逾期取款的话，利息将按照活期存款的利率计息。

某储户当日将5万元人民币存为"七天通知存款"，次日通知银行7天后取款，结果十天之后该储户才来取款，那么该储户支取部分的利息就是"七天通知存款"利息加上3天的活期储蓄利息。如果储户不通知银行提前提取存款的话，支取部分利息也将按照活期储蓄的利率计息。

"七天通知存款"还要求取款后账户内余额须等于或大于5万元。也就是说,如果只办理5万元的"通知存款"业务,首先就要提前七天通知银行取款,另外须将5万元全部取出才能享受到通知存款的利率计息。但假设市民办理6万元的"通知存款",银行将不会限制储户取款金额,但要求储户取款后,账户余额须5万元或5万元以上。

目前的活期存款年利率为0.36%。"七天通知存款"的利率降息后目前为1.35%,是活期的3.75倍。

2. 通知存款的密招

通知存款者,若非不得已,千万不要在7天内支取存款。如果投资者在向银行发出支取通知后未满7天即前往支取,则支取部分的利息只能按照活期存款利率计算;不要在已经发出支取通知后逾期支取,否则,支取部分也只能按活期存款利率计息;不要支取金额不足或超过约定金额。因为不足或超过部分也会按活期存款利率计息;支取时间、方式和金额都要与事先的约定一致,才能保证预期利息收益不会受到损失。

3. 通知存款的策略

(1)定存分笔存,提高流动性。若将闲置资金全部长期定存,万一临时需要现金时,提早解约会损失两成的利息。不妨将定存化整为零,拆分为小单位,并设定不同到期日,这样的好处是每隔一段时间便有定存到期,资金流动无虞,将定存当成活存用,利息却比活存高出许多。

(2)自动转存最省心。各银行均推出存款到期自动转存服务,避免存款到期后不及时转存,逾期部分按活期计息的损失。值得注意的是,有的银行是默认无限次自动转存,有的只默认自动转存一次,而有的需储户选择才自动转存。

（3）提前支取有窍门。如果急需用钱，而资金都已存了定期，不妨考虑以下列方式提前支取，将损失减少到最小：根据自己的实际需要，办理部分提前支取，剩下的存款仍可按原有存单存款日、原利率、原到期日计算利息。要注意的是部分提前支取业务仅限办理一次。

4. 存款组合的方法

以定期为主，通知存款为辅，少量的活期。在经济下滑时，多选长期定存，以锁定高利率；在经济低谷时，多选短期的定存，存期一般不宜超过三年，给自己一个灵活性；当经济开始好转时，不存长定期，改以长线投资为主。

了解存款计息，组合存款方式

根据需要对存款方式进行挑选和组合，
达到方便使用和获取最大收益的目的。

目前银行常有的人民币存款方式有：活期存款、定期存款（不同存期）、零存整取、定活两便、协定存款、通知存款，等等。用户可以根据自己的实际需要对存款方式进行挑选和组合，以求达到方便使用和获取最大收益的目的。

单身女性毕业后工作的 1～5 年的特点是：收入相对较低，朋友、同学多经常聚会，还有谈恋爱，这些花销较大。这段时期的理财不以投资获利为重点，而以积累资金和经验为主。这段时期的理财步骤为：节财计划→资产增值计划（这里是广义的资产增值，有多种投资方式，视你的个人情况而定）→应急基金→购置住房。战略方针是"积累为主，获利为辅"。根据这个方针具体的建议是分三步：存、省、投。如果我们能够熟知银行存款利息，就可以制订合理的理财计划。

存，即要求你每个月雷打不动地从收入中提取一部分存入银行账户。一般建议提取10%～20%的收入。存款要注意顺序，顺序一定是先存再消费，千万不要在每个月底等消费完了再把剩余的钱拿来存，这样很容易让存款大计泡汤。一年定期存款利率（2.52%）是活期存款利率（0.72%）的三倍多。如果每月用于储蓄的存款用定期存款的方式存起来，坚持几年，你可能会被自己的存款吓一跳！定期存款的方法主要有：

1. 12存单法：灵活存取，定期收利

每月提取工资收入的10%～20%做一个定期存款单，切忌直接把钱留在工资账户里。因为工资账户一般都是活期存款，利率很低，如果大量的工资留在里面，无形中就损失了一笔收入。每月定期存款单期限可以设为一年，每月都这么做，一年下来就会有12张一年期的定期存款单。从第二年起，每个月都会有一张存单到期，如果有急用，就可以使用，也不会损失存款利息。

如果没有急用的话，这些存单可以自动续存，而且从第二年起可以把每月要存的钱添加到当月到期的这张存单中，继续滚动存款，每到一个月就把当月要存的钱添加到当月到期的存款单中，重新做一张存款单。12存单法的好处就在于，从第二年起每个月都会有一张存款单到期供你备用，如果不用则加上新存的钱，继续做定期。既能比较灵活地使用存款，又能得到定期的存款利息，是一个两全其美的做法。

2. 阶梯存款法：适用于单项大笔收入

有一种与 12 存单法相类似的存款方法，这种方法比较适合与 12 存单法配合使用，尤其适合年终奖金（或其他单项大笔收入）。具体操作方法：假如你今年年终奖金一下子发了 5 万元，可以把这 5 万元奖金分为均等 5 份，各按 1、2、3、4、5 年定期存这 5 份存款。当一年过后，把到期的一年定期存单续存并改为 5 年定期，第二年过后，则把到期的两年定期存单续存并改为 5 年定期，以此类推，5 年后你的 5 张存单就都变成 5 年期的定期存单，致使每年都会有一张存单到期。

这种储蓄方式既方便使用，又可以享受 5 年定期的高利息，是一种非常适合于一大笔现金的存款方式。假如把一年一度的"阶梯存款法"与每月进行的"12 存单法"相结合，那就是"绝配"了。

3. 通知存款法：巧用利息高于活期存款

通知存款很适合手头有大笔资金准备用于近期（三个月以内）开支的。假如手中有 10 万元现金，拟于近期首付住房贷款，但是又不想把 10 万元简简单单存个活期，损失了利息，这时就可以存七天通知存款。这样既保证了用款时的需要，又可享受利息。

4. 利滚利存款法：获得二次利息

具体操作方法是：如果你有一笔 20 万元的存款，可以考虑把这 20 万元用存本取息方法存入，在一个月后取出存本取息储蓄中的利息，把这一个月的利息再开一个零存整取的账户，以后每月把存本取息账户中的利息取出并存入零存整取的账户，这样做的好处就是能获得二次利息，即存本取息的利息在零存整取中又获得利息。不怕多跑银行的，可以试试这个方法。

小钱记得存入银行

"滴水成河,聚沙成塔"的力量不容忽视。

如果让你拿出每月薪水中的500元,在银行开立一个零存整取的账户,20年后仅本金一项就达到12万元了,如果再加上利息,数目更不小了,"滴水成河,聚沙成塔"的力量不容忽视。

投资理财是生活中不可缺少的事,即使捉襟见肘、微不足道,亦有可能"聚沙成塔",运用得当更可能是"翻身"的契机。既知每日生活与金钱脱不了关系,就应正视其实际的价值,理财应"从第一笔收入、第一份薪金"开始,即使第一笔的收入或薪水中扣除个人固定开支及"缴家库"之外所剩无几,也不要低估微薄小钱的聚敛能力,1000万元有1000万元的投资方法,1000元也有1000元的理财方式。

每个月的领薪日是上班族最期盼的日子,可能要购置家庭用品,或是购买早就看中的一套服饰,或是与朋友约好出去吃一顿大餐,或是买些新潮的化妆品,或是理个时髦的发型……各种生活花费都在等着每个月的薪水进账。

我们在身边不时地看到这样的人,他们的收入不多,花起钱来每个都有"大腕"气势,身穿名牌服饰,皮夹里现金不能少,信用卡也有厚厚一叠,随便一张刷个两下子,获得的虚荣满足胜于消费时的快乐。月初领薪水时,钱就像过节似的大肆挥霍,月尾时一边缩衣节食,一边盼望下个月的领薪日快点到，这是许多上班族的写照，尤其是初入社会经济刚独立的年轻人，往往最无法抗拒消费商品的诱惑，也有许多人是以金钱（消费能力）来证明自己的能力，或是补偿心理某方面的不足，这就使得自己对金钱的支配力不能完全掌握。这种人往往不懂得储蓄的重要性。

当然，如果嫌银行定存利息过低，而节衣缩食之后的"成果"又稍稍可观，我们也建议开辟其他不错的投资途径，或购买一些国债、基金，或涉足股市，或与他人合伙入股等，这些都是小额投资的方式之一。但须注意参与者的信用问题，刚开始不要被高利所惑，风险性要妥为评估。绝不要有"一夕致富"的念头，理财投资务求扎实渐进。

总之，不要忽视小钱的力量，就像零碎的时间一样，懂得充分运用，时间一长，效果自然惊人。

合理利用转存

加息后，转存虽然会提高利息，

但提前支取也会遭受损失，合理利用转存。

加息后定期存款是否转存？几乎每次利息调整都会引发一次转存热，到底存了多久的定期存款适合转存呢？

加息后，居民储蓄存款利息收入将有一定程度的增加。以某年1万元1年期定期存款为例，加息前，一年期定期存款利率为2.52%，1万元的利息为 10000×2.52%×80%（扣除 20% 利息税）= 201.6 元；加息后，1 年期定期存款利率为 2.79%，1 万元的利息为 223.2 元，利息收入将增加 21.6 元。

转存虽然会提高利息收入，但提前支取也可能遭受损失，因此并非所有的转存都划算。那么在什么情况下办理转存才合适呢？建议你参考以下公式。

360 天 × 存期 ×（新定期年息－老定期年息）÷（新定期年息－活期年息）= 合适的转存时限。

上述公式推导过程如下：

如果现在不转存，而是等到到期后自动转存，则从开始本笔存款到其到期日的利息收入为：$M \times N \times R1$

如果现在立即办理转存，并办理同样期限的新定期存款，则从开始本笔存款到其到期日的利息收入为：

$M \times n/360 \times 0.81\% + M \times (360-n)/360 \times R2 + (N-1) \times R2$

其中，M 代表本笔存款的数额，N 代表本笔定期存款的期限 [N ∈（1 年，2 年，3 年，5 年）]，n 代表本笔贷款已经存放的时间（n<N），R1 代表本笔本期限贷款的加息前利率，R2 代表本期限贷款的加息后利率。那么，在本次加息后应该立即进行转存的条件是：

$M \times N \times R1 \leq M \times n/360 \times 0.81\% + M \times (360-n)/360 \times R2 + M \times (N-1) \times R2$

两边取等号，可以求得

$n = 360 \times N \times (R2-R1)/(R2-0.81\%)$

如上所述，对 1 年期定期存款，R1 = 3.06%，R2=3.33%，可以轻松求出 n = 41 天。

对 2 年定期存款，360×2×(3.96%－3.69%)÷(3.96%－0.72%) ≈ 87 天。

这意味着,2年定期存款的存入时间若超过87天,转存反而会受到损失。

对3年定期存款,$360 \times 3 \times (4.68\% - 4.41\%) \div (4.68\% - 0.81\%) \approx 131$ 天。这意味着,3年定期存款的存入时间若超过131天,转存反而会受到损失。

对5年定期存款,$360 \times 5 \times (5.22\% - 4.95\%) \div (5.22\% - 0.081\%) \approx 229$ 天。这意味着,5年定期存款的存入时间若超过229天,转存反而会受到损失。

以此类推,对于90天(3个月)和180天(半年)的存款,其公式为:
$n = T \times (R2 - R1) / (R2 - 0.81\%)$(其中T为90或者180)

对90天定期,n = 6天;对180天定期,n = 19天。

我们此处的隐含假设是在定期存款转存时,新的定期仍然采用与原来一样的期限。但是,考虑到本次加息中利率结构的变化,即期限越长的定期存款,其利率提高的幅度越大。因此,客户也能在转存时,转存更长期限的新定期,则上述公式就不再适用。但是具体的多长时间是合适的转存点,上述公式的推导原理依然适用。

改变收支管理方式：先储蓄，后消费

有耐性的积蓄得到了利用，

就可以得到许多意想不到的赚钱机会。

有人曾测算过，依照世界的标准利率来算，如果一个人每天储蓄1美元，88年后可以得到100万美元。这88年时间虽然长了一点，但每天储蓄2美元，在实行了10年、20年后，很容易就可以达到10万美元。一旦这种有耐性的积蓄得到利用，就可以得到许多意想不到的赚钱机会。

1. 储蓄是为了提高抵抗力

有人总是悲叹他没有变得富裕起来，是因为他花掉了自己所有的收入。假设有一个人，他一直享受着优厚的工资待遇，现在突然失业了，而他又没有任何积蓄，那将是一种什么样的情形呢？

墨斯就是这样一个毫无准备而意外失去工作的人。多年以来，他从来不考虑为将来储蓄，花光了自己所有的工资。他绝望地说："想起这些年来我就后悔，几年来，如果我一天能够存上一个美分，持之以恒，那么我现在应该有不少积蓄了。想到自己以前这么傻，我就要发疯。现在这样真是自作自受呀！"

许许多多的人甘愿艰苦地工作，但是能够做到生活节俭、量入为出的人却不到十分之一。大多数人的收入没过多久就被吃喝一空，他们从不拿出一小部分作为积蓄，以备在疾病或者失业等紧急情况下使用，所以，在金融危机的时候，在工厂倒闭的时候，在投资者冻结资金不再投资的时候，他们就会陷入困境，甚至要破产。那些把赚来的钱立刻花掉，从不为未来做任何储蓄的人，人生一定在落魄无奈中度过。

2. 积蓄可以带来财富

上天赐予我们的物产是有限的。如果我们放手去用，肯定会有耗尽的一天。预算是一张蓝图、一个经过计划的方法，可以帮助你从你的收入中得到更大的好处。

以前有一个年轻人到印刷厂里去学技术。他的家庭经济状况很好，他父亲要求他每晚住在自己家里，但要他每月付给家里一笔住宿费。一开始，那个年轻人觉得这样太苛刻了，因为他当时每月的收入，就刚够支付这笔住宿费。但是，几年之后当这个年轻人自己准备开设印刷厂时，他的父亲把儿子叫到跟前，对他说："孩子，现在你可以把每年陆续付给家里的住宿费拿去了。我这样做的目的，是为了能够让你积蓄这笔钱，并非真的向你要住宿费。"

年轻人到此时才明白父亲的一番苦心，对父亲的明智之举感激不尽。当年轻人拿着存着自己住宿费的银行卡去银行取钱时，年轻人惊呆了，原来这么些年，他的存款数额已经超过了20万美金，财富再次向年轻人证明了积少成多的哲理。如今，那个年轻人已经成了美国一家著名印刷厂的老板，而他当年的同伴们却因挥霍无度，仍然穷苦不堪。

3. 先储蓄，后消费

在著名的美国第一学府哈佛大学，第一堂的经济学课，只教两个概念：第一个概念，花钱要区分"投资"行为和"消费"行为；第二个概念，每月先储蓄30%的工资，剩下来才进行消费。

大家都知道，哈佛教育出来的人，毕业后有很多人很富有，其实，他们每月的消费行为跟普通人只有一点不一样，那就是严格遵守哈佛教条：储蓄30%工资是硬指标，剩下才消费。储蓄的钱是每月最重要的目标，只有超额完成，剩下的钱才能消费。

现实生活中，有许多人忽视了合理储蓄在理财中的重要性。不少人错误地认为只要理好财，储蓄与否并不重要。持这种想法的人，实现财富积累难度很大，要想实现财务目标，必须要改变收支管理的方式，要"先储蓄，后消费"！

如何进行"先储蓄，后消费"呢？在你每个月领取薪水以后，将薪水的一部分（如30%~50%）先存起来，用于储蓄或投资。剩下的钱用于消费，并且严格规定自己只能用剩下的这部分钱进行消费开支，不能超支，因为你只有这么多钱，你必须做好你的消费支出计划，对支出进行严格的控制。

通过"先储蓄，后消费"的理财方式，有两大好处：一是能够培养你的良好投资储蓄习惯，不断增加你的财富积累；二是能够培养良好的消费习惯，对各项支出进行有计划的控制。坚实的财富是需要努力和节俭才能追求到的，同时也需要时间和毅力。具有节俭的耐性和毅力，利用积蓄的钱发挥作用，由此便可得到许多意想不到的赚钱机会。

自动划转，有助于实现资金积累

让资金在定期账户和活期账户间自动划转，
获得最大的资金积累。

目前几乎各家银行都有自动转存服务，用户可以凭工资卡和有效身份证件，到银行柜台开通这项服务，并可设定一个转存点，让资金在定期账户和活期账户间自动划转。

或许你还没有意识到，每月的工资都被公司直接打在了卡上，自己用多少取多少，每月节余部分都放在卡里吃活期利息，这种多数朋友都采用的做法，已经让你白白丢掉了三倍左右的定期利息，看似几十元到几百元的差别，时间一长损失可就大了。正所谓"你不理财，财不理你"，所以，我们建议先从你的活期存款开始理财。

通过自动转存这项业务，工薪族可完全实现为自己量身定制理财方案的目的，如设定零用钱金额、选择定期储蓄比例和期限等，实现资金在活期、定期、通知存款、约定转存等账户间的自主流动，提高理财效率和资金收益率。据统计，如果资金平均分配为3个月定期到2年定期，一年下来可以达到约1.75%的年综合收益率。需要注意，不同银行的转存起点和时间有所不同。

例如，假如您的月工资为6000元，与工资发放银行签订了储蓄协议，委托银行在自己的活期工资账户中每月保留2500元，其余资金按20%、30%和50%的比例，分别转存到3个月、1年和3年的定期子账户上。如果您的零用钱超过2500元，银行会按利息损失最小原则，由电脑系统从其定期子账户中选择最近存入的定期存款提前支取，但如果当天补足取款，也不会造成利息损失。

1. 整存整取自动转存：解除后顾之忧

整存整取自动转存是指银行在客户存款到期日，自动将客户未办理支取的存款结计利息并代扣利息税后，将原存款本金连同税后利息，按到期日当日利率自动转存为同种类、同档次整存整取储蓄的一种服务方式。整存整取自动转存次数不限，转存后又到期而未支取的仍按规定进行自动转存。

2. "月光族"理财：零存整取

零存整取，就是每月固定存入相同金额，一般5元起存，存期分1年、3年、5年，存款金额由储户自定，每月存入一次，到期支取本息，其利息计算方法与整存整取定期储蓄存款计息方法一致。中途如有漏存，应在次月补齐，未补者，到期支取时按实存金额和实际存期，以支取日人民银行公告的活期利率计算利息。

零存整取可以说是一种强制存款的方法，每月固定存入相同金额的钱，不想做"月光族"者可以通过这种方法养成"节流"的好习惯。

3. 定期定额申购基金

定期定额申购基金很适合工薪族达到强制储蓄的目标。已上市的各种开放式基金的数目已达到上百只，它们的主发行渠道就是银行。那么，经常光顾银行的工薪族，不妨选定其代销的某只基金，跟银行签订一个协议，约定每月的扣款金额，以后每月银行就会从你的资金账户中扣除约定款项，划到基金账户完成基金的申购。这种方式有利于分散风险，长期稳定增值。这种投资法，不必掌握太多的专业知识，不必费心选定购买的时间，只需耐心一些坚持中长期持有，并且在一般情况下，基金定投的收益会高于零存整取的利息。正因为如此，它甚至是工薪族为孩子储备教育金或筹划养老金的一个优良选择。

定期定额买基金，选定哪只基金特别重要。一般来说，这种投资方式适合股票型基金或偏股票型混合基金，选择的重要标准是看它的长期赢利能力。

4. 银行"月计划"理财

一些股份制银行有一种"月计划"的存款方式，年收益可达到活期存款的3.3倍，通知存款的1.5倍，只要单个账户余额超过1万元，就可以在每月下旬与银行约定理财月计划，银行每月1日对外发布上期收益情况，并容许投资者在每月5日至25日终止方案，以保证资金的流动性，预期年收益率为1.7%~2.05%。

巧用自动转存业务，白手起家投资生财不是件轻而易举的事，但很多时候，以钱赚钱却要简单得多，甚至只需我们的举手之劳。

培养孩子的自主存储意识

让孩子从小懂得金钱的价值、
使用技巧、正当投资等正确的理财方式。

在当代社会，对孩子进行金钱教育是不可忽视的。要让孩子以积极主动的姿态确认金钱的重要性，让孩子从小懂得金钱的价值、使用技巧、正当投资等正确的积累方式。

在家庭生活中，孩子少不了与钱财发生联系，这时，家长要创造一种环境，来培养孩子的理财意识，使之形成理财的品质和素质。这种品质和素质有可能在孩子将来的事业中转化为一种经营管理能力。

对孩子进行理财教育可以从零花钱入手，激发孩子的理财兴趣，继而教给孩子理财的方法与原则，让孩子从小理解挣钱、花钱、投资、储蓄的理念，培养孩子节约用钱、科学理财的习惯，培养孩子对于金钱的正确态度，让孩子形成正确的金钱观，教育孩子对于金钱不能贪婪，不能轻视，不能成为它的奴隶，不能低估它的作用，应该合理地得到它，正确地使用它。

一位父亲带着10岁的孩子跑了三家商店，目的是买到一辆同一品牌、同一规格中最便宜的自行车。最后，父亲用节省的20元钱买了一副孩子向往已久的乒乓球拍。这位父亲的做法很正确，他的行为给孩子做了很好的示范，使孩子知道了什么是价格差，什么是明智消费。

1. 与孩子一起购物，启发孩子理性消费

带孩子去商店之前和孩子达成协议：今天去商店你只能买一样东西，或者你只能花多少钱。这实际上对孩子是一个约束，他可能得花费很多精力来决定买什么东西。在花钱方面不给孩子约束是不行的，适当地拒绝孩子是必要的。你必须让孩子知道，不是想要什么就能得到什么。

2. 让孩子在花钱中学会花钱

孩子入小学以后，家长应该给孩子一些零花钱，至于钱的使用，要让孩子自己拿主意，大人轻易不要干涉。对于用钱得当的行为，家长可以赞扬或适当奖励，对于花钱不当的行为，家长可以提醒或适当惩罚。当孩子得不到太多的钱时，他就会自己慎重制订自己的购买计划，这才能培养他的理财意识。当孩子拥有足够的金钱，可以任意支配不受限制时，反而不利于培养孩子的理财意识。当然，孩子经常身无分文，从来不进商店，从来不买东西，一切都由家长安排打理，这也不利于锻炼他们的理财能力。所以，家长可以给孩子一些花钱的机会，让他们去买菜，买日用品，让他们购物时考虑价格差，购物节省的钱归孩子所有，以此作为奖励。这样，使他们在花钱中学会花钱，在购物中学会购物，并且也使他们了解到家里的钱是怎么花出去的。

3. 从管理零花钱的实践中学习理财

给孩子零花钱的目的是什么？除了方便孩子之外，还要让孩子从小懂得财务预算，懂得收入与消费的内在联系。美国的父母总是有偿地向孩子提供零花钱，不会一味无条件地满足子女的花钱要求。放纵子女过

分的消费欲望，只能助长孩子的恶习。这种恶习一旦养成，到了他成年以后，当他靠自己有限的收入生活时，当他需要做出重要的理财决定时，就会显得手足无措。

做父母的，应该把给孩子的零花钱看作是孩子作为家庭成员应分到的家庭收入的份额，具有合理性和合法性，不应把它看作是父母对子女的恩赐。与此同时，家长应鼓励孩子承担一些家庭成员的责任，譬如做一些必要的家务。在美国的家庭里，如果需要雇人做的杂务由孩子们来完成时，父母就会付给孩子一笔额外的"收入"。他们认为，这样做会使孩子了解到劳动与报酬的关系，加深对劳动意义的认识。

为了牢固树立孩子的理财责任感，父母可以对孩子如何使用零花钱制定一些准则，这些准则应包含以下内容：

定期、准时发给孩子零花钱，不用孩子提醒。这种不提前、不拖后的做法，是为了让孩子学会掌握收支平衡的原则。也是为了让孩子强化"没有收入就没有支出"的意识。

零花钱的数额应根据家庭经济状况和孩子的年龄而定。这是为了让孩子知道消费要"量力而行"的原则。对孩子的花钱行为进行一些必要的约束，以便使孩子的消费习惯符合家庭的经济状况。

在不违背原则的前提下，孩子的零花钱一般由孩子自己支配，家长不宜做过多干涉。这是为了让孩子学会如何在花钱时做出正确的选择。家长可以通过观察发现孩子在理财方面的特点，然后再有针对性地给以评价指导。如果孩子没有支配零花钱的权利，自己手里的钱还要由家长掌控，孩子就会失去理财的兴趣。

4. 从储蓄罐开始培养储蓄意识

教育孩子懂得节约用钱，其目的不仅仅是对金钱的合理使用，更重要的是培养孩子的一种品质。因为，人的一生谁也不能保证没有天灾人祸，更难以保证一辈子不缺钱花。无论何时，必须教育孩子如何挣钱和如何花钱，这是人一生必须具备的自立能力。

孩子在小时候就应该有一个储蓄罐。一般来说，孩子三岁的时候就要鼓励他们把自己的零用钱存起来。在孩子六岁的时候，就要在银行以孩子的名义开一个账户，让孩子把自己的钱存到银行，让孩子自己保存存折，家长不要代管，如何使用由他们自己负责，取款时在家长陪伴下自己操作。这种做法可以帮助孩子养成终生储蓄的好习惯，使他们长大后知道妥善地保管钱财。

当孩子提出合理的购物要求，而花费又比较大时（如购买复读机），家长可以建议，家长出大头，孩子也从他的储蓄中拿出一点，以满足孩子的要求。这样，孩子就会觉得，所购买的东西中也有自己的劳动，用起来特别高兴，也会特别爱惜，也进一步强化了他储蓄的积极性。哪怕孩子拿的是极小的一部分，也必须让他拿。

第二章

股票：收益大、风险高的投资

股票是投资理财的一个重要部分，尽管股市变幻莫测，股市的风险极大，但股市也不失为一个投资的好场所。一个懂投资理财的人不应放过股市这个可以一展所长的投资场所。毫无疑问，股票投资市场的高风险性让很多人望之却步，但事实上，只要我们了解炒股的规则，仔细地分析揣摩，理性地投资股票，股市也可以为我们所用，并且会让我们在较短的时间内赚到更多的钱。

炒股难，难在哪里

我们也要自己进行分析判断，
不能别人怎么说就怎么做。

股市变幻莫测，谁都不能保证自己买的股票稳赚不赔。诚然，听听别人的意见，多了解一些信息没错，但我们也要自己进行分析判断，不能别人怎么说就怎么做。

炒股的规则只有两个字：买和卖。所以炒股看起来很简单，其实取胜的概率并不高，是一项不太好赚钱的投资活动。炒股者为了保证自己的投资没有错，会尽量问更多的人，因为你肯定想尽善尽美，不让投资出现问题，结果问的人越多自己越诧异。对于股票来说，询问100人会有100个不同的观点和答案，所以你问得太多了，最后反而把自己搞晕了。

一位成功的交易人一定要有主见，不能人云亦云，要按自己的方式交易，只交易自己深入调查研究过的股票。就算别人推荐的好股票也要自己拿主意，要想成功先下功夫。别人给你推荐好股票不能保证100%成功，因此会造成这样的现象，自己怀疑的股票天天上涨，可是就是没有买入，而自己相信的股票就是不涨或者上涨速度让人难以启齿。

炒股第一难是我们不能保证绝对能成功，只能保证我们不会大亏或者尽量小亏，不能保证一定会赢，我们不能操纵股价，但是我们可以回避亏损。能不能赚钱要看我们的对手能否给我们赚钱的机会。

炒股第二难是自己相信的股票当然要买入，最不幸的是买入以后股票几乎不上涨。看着别人的股票天天大涨，是换股还是等待？换股时肯定不会再买没有上涨的股票，一定会追涨已经开始上涨的股票，可是经常在换股以后新买入的股票不但不再继续上涨了，反而还容易深幅回调下跌。另外，换股时也有一种心理现象，担心原来持有的股票开始起动并且成为了大黑马。这也是炒股中的悲喜剧之一。不换股时股票不上涨，换股以后担心它天天上涨，持股和追涨都是两难。

炒股第三难是不小心或者运气不好被套住了，怎么办？是平仓还是继续持有，不能完全确定，问任何人都无法100%地肯定。不平仓的股票天天下跌，闷得慌；平仓了的股票又天天上涨，亏得慌，来个苦恼人的笑。

炒股的第四难是随大流，媒体和家里人都那么想，自己成了异类，压力大，阻力强，是抗争还是顺从？结果经常不顺从大流时错了，跟随大溜儿时也错了，左右都不对。

在实战中磨炼看盘技巧

看盘技巧最重要，实战中多次磨炼，
成败都在于自己。

对于众多喜欢短线操作的投资者来说，看盘技巧更加重要，从盘口的变化来分析主力的动向，进而决定自己的操作方法。下面的看盘方法可能不是每个都实用，也不是有了这些方法就能保证你只赚不亏，只有在实战中多次磨炼，才能找出适合自己的操作方法，也就是说，成败都在于自己。

1. 每个板块都有自己的领头者，如看见领头的动了，就马上看同类的股票。

2. 密切关注成交量。成交量小时分步买，成交量在低位放大时全部买，成交量在高位放大时全部卖。

3. 回档缩量时买进，回档增量时卖出。一般来说，回档量增在主力出货时，第二天会高开。开盘价大于第一天的收盘价，或开盘不久会高过昨天的收盘价，跳空缺口也可能出现，但这样更不好出货。

4. 心中不必有绩优股、绩差股之分，只有强庄和弱庄之分。股票也只有强势股和弱势股之分。

5. 均线交叉时，一般有一个技术回调，交叉向上回档时买进，交叉向下回档时卖出。5日和10日线都向上，且5日在10日线上时买进。

只要不破 10 日线就不卖。这一般是在做指标技术修复。如果确认破了 10 日线，5 日线调头向下卖出。

6. 追涨杀跌有时用处很大。强者恒强，弱者恒弱，炒股时间概念很重要，不要跟自己过不去。

7. 大盘狂跌时最好选股。把钱全部买成涨得第一或跌得最少的股票。

8. 连续三根长阴快跑，亏了也要跑。低位三根长阳买进，这是通常回升的开始。

9. 在涨势中不要忽视冷门股，这通常是一只"大黑马"。在涨势中也不要轻视问题股，这也可能是一只"大黑马"。但这种"马"不是胆大、有赌性的人和心理素质好的人不要尝试去"骑"。

10. 设立止损位。这是许多人不愿意做的，但这也是许多人亏损的原因。一般把止损点设在跌 10% 的位置为好。跌破止损点要认输，不要自己用押几个月当存款的话来骗自己，钱是自己的。

选股前，综合分析不可少

一个成熟的投资者必须要进行足够的分析准备，
选择适合的股票不要冒进。

在证券市场上选择股票总面临三种情况，一是高风险、低收益，二是风险与收益持平，三是低风险、高收益。第二种情况不宜做大的投资，只有第三种机会才值得出手，否则还不如将现金留在手上。利用市场发生价值判断错误时出手才是最高明的投资者。

一个值得投资的股票一定具备三个特性：好的企业、好的管理层和好的价格。一个成熟的投资者必须要有足够的耐心等待理想的价格，宁可错失，不可冒进，在资本市场里活下来永远是第一位的，要像珍惜生命一样的珍惜自己的本金。

证券市场每日价格的波动是持续而毫无意义的，市场只不过是大众各种心理的随机反映。人的天性决定其是社会性动物，其喜悦和恐惧往往惊人地一致，并相互感染和不断强化，市场永远在投资者喜悦和恐惧的交替循环中完成牛、熊的转换。

证券市场的墨菲定律——永远有 80% 的投资者亏损——的法则说明，成功的投资者永远不要和人群站在一起。

股市没有先知，并且难以预测股指。抛弃指数分析、量价分析。个股图形不能用做判断投资的依据，图形只是工具，个股曲线实际上只是大众心理每日看法变化的图表化。只赞成基本分析。从长期衡量，企业的股价一定会反映企业的内在价值。时间是优秀企业的朋友。如果投资于不同行业里能在未来 10 年、20 年、30 年中存活下来，并且有比较高的成功确定性的企业，财富也将随其高速成长而获得可观的收益。

股市中有句话，选股不如选时。在选股时首先要看的就是股市大的发展趋势，这是尤其重要的，因为没有大环境走牛的条件，什么样的股票都不会给我们带来很好的收益，相反地，风险却很大。

现在信息便捷，尤其是互联网普及，坐在家里就可以炒股、浏览信息，真可谓"足不出户，尽知世事"。然而在这种有利的情况下，也有不利的一面，因为看到的消息多，形形色色，观点也不一，如果没有主见，反倒会把自己搞晕。任何观点都可以借鉴，任何博客文章都可以学习，关键在于自己的领悟和分辨，不盲目跟从。有的博客擅长大势分析、有的博客精于短线操作、有的博客文章专注介绍技术知识，也有的博客文章心存不良，故意引诱和欺骗读者，诸如此类的博客，我们都要细心分辨，从中学到对自己有益的知识，也从中发现一些对自己不利的东西。相信自己，不被忽悠，锻炼自己，提高技术。

鸡蛋可以放在同一个篮子里

把鸡蛋放在同一个篮子里，集中精力以免顾此失彼。

把鸡蛋放在同一个篮子里，这样看似有风险，实则安全。对对手越了解，越有机会战胜对手；对对手的了解越深入，越有机会超越对手。

"不把鸡蛋放在同一个篮子里"，这是很多炒股的人都牢记在心的金科玉律，于是在实践中，炒股的人总是喜欢平均配置股票，今天金融类是热点，就买上两只金融股，明天创业板火了，又买进一点创业板的股票……

几个月下来，股票户头里有许多只股票，但每只股票只有很少的配额。这样炒股炒上一年，你会发现，自己获得的收益也不比活期存款多多少！事实上，在股市中鏖战，要想获得更高收益的投资回报，"多个篮子放鸡蛋"的方法已不能奏效了。让我们跟股神巴菲特学一点深耕股市的招数吧。

买股票这件事归根结底意味着你要买的是企业的一部分生意。企业好，你的投资就好，只要你的买入价格不是太离谱。所以，你务必要晓得自己在做什么，务必要深入懂得（你投资的）生意。你会懂一些生意模式，但绝不是全部。

时间是好生意的朋友，却是坏生意的敌人。如果你陷在糟糕的生意里太久的话，你的结果也一定会糟糕，即使你的买入价很便宜。如果你在一桩好生意里，即使你开始多付了一点额外的成本，如果你做得足够久的话，你的回报一定是可观的。

被世界投资者公认为"股神"的传奇式人物巴菲特认为，投资股票并不需要整天关注股价的变动。他说："投资并不是一个复杂的事情，但是并不容易。如果我去购买一家公司的股票，我不大会去看它的价格变动走势。"对于巴菲特来讲，决定是否能够买一家公司的股票的关键是他和公司对于企业的价值评估。

巴菲特解释说："如果你决定投资股票，你并不需要了解所有的企业，在纽约证券交易所上市的几千家公司中，你不需要了解所有的企业，你也不需要了解几百家或者几十家企业，但是你需要清楚地了解你所投资的企业，跟着企业的运行发展，了解市场和企业自身之间的关联，这样你才能够做到低买高卖。你可以从短期的企业运行周期开始入手。你需要了解会计制度，这是了解企业的基本工具，但是你并不能依赖于会计对于企业的判断，你需要知道其中的取舍。"

投资大师巴菲特认为分散投资是无知者的自我保护法，对于那些明白自己在干什么的人来说，分散投资是没什么意义的。巴菲特一直奉行"少而精"的原则，认为大多数投资者对所投资企业的了解不透彻，自然不敢只投一家企业而要进行多元投资。但投资的公司一多，投资者对每家企业的了解就相对减少，充其量只能监测所投企业的业绩。

早在1993年，巴菲特在致股东的信中就这样描述道："若你是学有专长的投资人，能够了解产业经济的话，应该能够找出5到10家股价合理并有长期竞争优势的公司，此时一般分散风险的理论对你来说就一点意义也没有，要是那样做反而会伤害到你的投资成果并增加你的风险，我实在不了解那些投资人为什么要把钱摆在他排名第20的股票上，而不是把钱集中在排名最前面、最熟悉、最了解同时风险最小而获利可能最大的投资上。"

把鸡蛋放在一个篮子里，这样看似有风险，实则安全，由于你非常了解这个行业或企业，这个行业或企业的任何变化，你都知道它和股价有什么关系，你总会在第一时间做出最恰当的操作。这样，所有的钱都放在一两只股票上不是更好吗？什么是风险？你不熟悉不了解就是风险，撒胡椒粉式地分散投资，把有限的鸡蛋放在不同的篮子里，实际上这使你更不了解这些篮子，更增加了你的投资风险。

跟紧大庄家

股海波浪滔天，险中求胜。
跟紧大庄家，就有牛市到来的时刻。

庄家兵力众多，阵容强大，要想悄无声息地进驻某只股票，非一日一时之功。股谚云"头部一日，谷底百日"，往往需要在低位反复震荡，或长期横盘令短线客难耐寂寞而另觅新欢；或上蹿下跳引诱散户低抛高吸，或"升一天，盘半月"，模仿小脚女人走路，让人忍无可忍，最后敬而远之。经过如此"巧取豪夺"，散户的筹码已悄然流入庄家的仓库，此种震荡式建仓手法表现在走势图上又可分为以下几种：

1. 横盘型

此种手法指庄家在某一价位上横刀立马，把抛单照单全收，此时庄家只让这匹马"埋头吃草",不让其"抬头看路",股价稍稍冒头,庄家便一棍打下,若有压价抛售的,庄家趁机大捡便宜货。此时的黑马股票确实全身皆"黑",一般人是难以发觉的,但仔细观察,也可发现蛛丝马迹。

(1) K线图上阴阳相间,甚至多次出现十字星。

(2) 狡猾的狐狸总会留下一些痕迹,成交量即为庄家掩饰不住的尾巴,一般来说,庄家吸货时的成交量都比较均匀,或呈典型的涨时放量,跌时量缩的态势。根据成交,我们可以判断庄家何时进驻,兵力如何,进而可大致推测出庄家可能拉升的幅度。

2. 箱体型

低位震荡吸货的个股,股价走势犹如关在箱体内的乒乓球上蹿下跳,庄家此时左右开弓,既当买家又当卖家,价格跌下来则吸,价格涨上去则用大单打下来,在分时图上多为急跌后缓慢爬升,升时量逐渐放大。庄家用"大棒加胡萝卜"的两手政策,时而对有货者用小阳线之类的小恩小惠诱使其抛售,时而用高开低走的阴线之类的大棒迫使其吐出筹码。

3. 低位加码型

庄家把价位推高一个台阶后,若大盘走弱,庄家无法抵挡蜂拥的抛盘,只好且战且退。待空方力量消化殆尽时,庄家再调集重兵,做好打歼灭战的准备。此类个股往往具有未来大黑马的潜质。从外面看,此股风平浪静,哪知里边已埋伏有庄家的百万雄兵,吸货如同酿酒,酿的时间越长,其味越香醇。

通常来说,大主力庄家建仓方法主要有以下几种:

1. 隐蔽吸货，不露声色

此类股票的走势大都是当前阶段的冷门股，在相对于它过去的较低的价格上进行箱形盘整，与大盘的趋势一致，成交量很小。因此在建仓阶段，尽量不能让人察觉有大资金介入，在操作上不能大手笔地明火执仗地买入，而必须将大资金拆小，这对于资金量大的机构主力来说，相对建仓时间会较长，因而也必须要有足够的耐心和耐力，因为在底部吸的筹码越多，其建仓的成本越低。通常在低位盘整时间越长，则未来涨幅越大。对这类股票投资人只要注意就可以了，不必介入其中和庄家比耐心。

2. 震荡建仓，上打下拉

由于底部的低点较难判断，同时大资金不可能全在最低点吸到筹码，因此大资金在进入底部区域后即开始分批建仓，越低越买。由于建仓过程中难以避免不将股价抬高，但此时或是筹码尚未吸够，或是拉高时机没到，因此必须以少量筹码再次将股价打低，甚至打出恐慌盘、斩仓盘、止蚀盘。等到散户心灰意冷的时候，便是大量吸筹完毕发动进攻的时候。

3. 拉高吸货，哄抢筹码

当突发性重大利好公布或者是股价已极度超值之时，某股票尚无主力入驻、散户正犹豫之时，大集团资金往往先下手为强，在当日大量买入低位筹码，即使拉涨停板也在所不惜。往往在几天或几个小时就可完成建仓任务。往往，大牛股在庄家建仓的后期会出现如下的特征。

（1）其K线组合会构成一个明显的箱体，股价在这个箱体中波动的频率开始加大，通常股价上涨时成交量放大，而股价下跌时成交量明显萎缩。比如，某钢铁于1998年10月至1999年3月，其股价一直在

7~8元的箱体内波动，而且是价升量增，价跌量缩，为明显的主力吸货特征。

（2）在低迷的股市中会表现出一定的抗跌性，时常有下影线出现。每当大盘破位下行之时，反而成为主力吸纳低价筹码的大好时机，因此表现出良好的抗跌性。

（3）从技术指标来观察，有底背离现象产生。比如：能量潮OBV（平衡交易量）曲线在底部横盘或已缓缓向上，而此时股价仅是横向波动甚至下跌。同时在周K线图上有一段5周以上的横盘K线组合，并且阴阳交错，RSI（相对强弱指标）指标或KDJ（随机指标）指标均出现双底或底背离现象。在吸货阶段，往往短期成交量均线（5日均线）会逐步向上爬升，当向上交叉长期成交量均线（10日均线）时则表示上档浮码很少，多方已开始组织力量反击，买点随即形成。

（4）市场开始有一些有关该股的消息流传，但是股价和成交量基本没有反应，有时还会小幅下跌几天。

（5）进入建仓后期庄家其实已经没有退路了，不做也得做。如果这时基本面遭到重大利空打击，对我们来讲是再好不过的事情，天赐良机，发财的机会来了。大部分庄家会在风头过后变本加厉地反扑。

（6）建仓后期庄家的任务是维持股价并等待合适的机会启动拉升。拉升的日期一般是庄家倒推算的，如上市公司合同签约日、中报年报出台日、股东大会召开日等，一般要在信息公布前后达到拉升目标位附近，所以出消息就是庄家出货的标志，当然这是指在股价已经有很大的涨幅之后。现在看来大多数的信息是受控于庄家的，这种例子举不胜举。

散户平时可多关注一些"市场弃儿"，特别是那些一年半载无人理睬的个股，别天天盯着涨幅榜前十名。其次，关注长期横盘之后出现的第一根长阳，此时往往是庄家吹响冲锋陷阵的号角，也是我们向庄家抢钱的大好时机，表示庄家正在探头探脑，散户此时宜准备一个铁钩，把自己的小舢板牢牢钩上庄家的航空母舰。

短线操作时看准涨跌

短线操作是每个投资者在股市里生存和发展的必经之路。

很多人喜欢做短线，原因是短线不需要太多的基本分析，同时有一种赚得"快钱"的刺激感。但短线更多地依赖于技术分析，只有真正明白技术分析的真谛以后结合股市实战经验才能总结出适合自己的思路与技术。

短线操作是每个想要进入市场，在市场里生存和发展的必经之路，短线操作可以获得宝贵的经验和对市场的理解力。与市场紧密接触，这样可以打好根基，为后面的发展提供坚实的基础。有些投资者没有学会短线操作就谈什么大盘，什么中线操作，那只不过是业余水平而已，因此当资金量没有达到相当大的程度，短线操作一定有它用武之地。

短线操作有两种基本的操作方法，一是追涨杀跌，二是追跌杀涨。大多数投资者做短线的时候都是用第一种方法，特别是有一定的短线经验的投资者更是如此。但仅有这一种方法显然不完整，特别是在持续的下跌过程中追涨的风险很大。因此要想在短线上有更大的进步，必须学会追跌杀涨，这样操作会更稳定，成功率就越大。

追涨杀跌注重的就是对势的理解——资金的势。也就是说在盘面上反映出资金在运作过程中表现出来的气势，气势越强那么追涨的风险就相对较小，反之风险较大。也因此许多对追涨杀跌有研究的投资者在具体的操作中总结了很多相关的经验。其实就是研究资金的气势，能走到这一步已经是相当难得了，作为市场的操作者来说，这只是一方面。

追跌杀涨注重的是对时机的把握，大盘的时机或者个股的时机，而这个时机的选择确实需要更大的努力才可以达到，因此相对于追涨杀跌，追跌杀涨要难得多。这个追跌杀涨却又不能天天用，因此对追跌杀涨，恐怕很少有投资者去研究，去理解。但追跌杀涨才是短线操作水平达到一定高度后必须要去研究的、这样才能适应完整的市场。

要根据市场的不同变化，制定不同的策略和不同的操作方法。追涨杀跌在牛市状态下是主要的选择，而追跌杀涨在熊市状态下是主要的选择，因此在做出操作之前对市场的状态需要有个清晰的概念。除了对市场状态的判断之外，还有一个常用的判断方法，那就是：当大盘的资金处于 80 个亿以上的时候可以大胆地追涨杀跌；当大盘的资金量处于 80 个亿以下的时候，追跌杀涨就是主要的选择了。

如果我们学会了上面两种基本的短线操作方法，我们不管在什么样的市场状态下，就都能应用短线操作。

新股——"风险小，回报高"的投资

新股可谓是一种"零风险、高回报"投资，
一旦申购中签，收益十分可观。

对于厌恶风险和盯盘的人来说，打新股可谓是一种"零风险、高回报"投资，投资者一旦申购中签，收益十分可观。虽然打新股是"运气第一"，但其中也有窍门。

打新股，你首先要学会"追冷门"。当出现多只新股同时发行时，可以优先考虑较为冷门的新股。此外，可避开先发股，集中资金打后发股。比如在三天内有三只新股发行，投资者可选择申购时间相对较晚的品种，因为大家一般都会把钱用在申购第一和第二天发行的新股，等到第三天，很多资金已经用完，此时申购第三天发行的新股，中签率就会高一些。

其次，你要选择一个恰当的时间下单。一般而言，刚开盘或快收盘时下单申购的中签率相对较低，而在上午10点半至11点15分和下午1点半至2点之间下单的中签率相对高一些。

既然每个投资者只能通过一个账户进行新股申购，而且不同规模的新股发行有不同的上限设置，那么，打新收益的决定因素就由资金量变为账户数量。

在合法合规的情况下，不排除中小投资者利用亲戚、朋友的身份多开几个账户参与新股申购，而这一办法也是可行的。特别是发行小盘股的时候，每个账户的上限为1万股，假设以10元/股为发行平均价，那么，每个账户只需要10万元，便可进行顶格申购了，对一般投资者，多开几个账户，将资金分流，中签率会得到翻倍提升。由此或许会引来一波不小的开户潮。

多开账户的方法对申购大盘股和中盘股就不太适合了，根据10万股/户和30万股/户的上限，仍按照10元/股的发行价格计算，一个账户的顶格申购所需资金在100万~300万元之间，不适合中小投资者。

如果决定参与某只新股的发行，投资者需提前将资金准备好，当同时发行两只或多只新股时，要提前做出选择。

根据模拟测算，尽管新规定可能将小盘股的中签率提升11倍，但小盘股的中签率仍然不及大盘股高，如拓日新能模拟中签率提升11倍为0.33%，还是大大低于中石油1.94%的中签率。但是，新规下这一思维方式需要改变，当大盘股和小盘股同时发行时，中小投资者参与小盘股更为有利。首先，小盘股上市首日表现往往强于大盘股，如拓日新能上市首日收盘价较发行价上涨了378.4%，中石油的这一涨幅为163.23%。

其次，大盘股网上中签率翻倍提升后，将吸引巨量资金参与，其中网上增加的部分多为中小投资者，这部分资金申购到新股后，绝大多数会在上市首日通过二级市场抛售，打压股价首日的涨幅，从而降低新股收益率；相反，同时发行的小盘股因资金分流，中签率和收益率都将提升。

另外根据相关统计，新股网上申购有效户数、新股首日涨幅与大盘走势正相关，而新股发行启动初期，新股上市首日的涨幅相对稳定，打新资金获利的可能性较高。

统计还显示，历史新股中签率分布中，沪市新股中签率有 80% 的概率落在 0.27% ~ 2.3% 之间，深市有 80% 的概率落在 0.04% ~ 0.41% 之间，IPO（首次公开募股）新规执行后，预计沪市网上中签率在 0.4% ~ 2% 之间，深市网上中签率在 0.1% ~ 0.5% 之间。

很显然，深市的整体中签率将因新规而大幅提升，但仍低于沪市中签率，这与沪市发行多为大盘股，而中小企业都在深市有关。

投股如何让自己心里有底

充分分析准备工作有针对性地进行规避，
降低被套牢的概率。

大部分人股票被套牢主要是因为自己没有做充分分析的准备工作，心里没有底，选择了错误的股票。因此我们要分析自己被套牢的原因，有针对性地进行规避，降低被套牢的概率。

哪一位投资者敢保证自己每一只买入的股票百分之百不会被套？没有人敢这么说。辩证地看，套牢可分为"套得心里有底和套得心里没底"两大类，被套之后焦虑万分甚至难以入睡的股民属于后者，套得心里没底应尽早纠正错误。解铃还须系铃人，心病还须心药医，我们应先从病因入手逐步诊断。

一位股友自诉："前几天购买了高送配题材股，想依靠题材股尽快赚钱，结果昨天跌停，今天受利空消息影响继续下跌，两天亏了几万块，心情很不好，怎么办？"

小丁问他："买进股票之前有没有了解公司的总体状况，譬如查看历年年报，了解公司主营项目，分析公司市场地位等？"

股友回答："NO，只看到有10送×转增×的题材。"

小丁接着问："你对持有这只股票心里有底吗，特别是在眼下的跌势中？"

股友回答："没底。"

这段对话反映出当前大多数散户买股票时普遍遇到的问题，只想到题材股能上涨，能赚钱，而没有考虑到题材股也会跌，也会亏钱。

焦虑不安的原因是投资者对自己持有的股票没有把握，套得越深，把握就会越小，直至心理防线彻底崩溃……治疗这种心病的方法有四种。

1. 选择相对可信的公司股票

完全依靠报表选股在A股市场上是行不通的，业绩报表的可信度没有多高。但股市中不乏一些业绩相对可信的公司，大多为行业龙头、业绩增长稳定、受到政策保护的大公司。

2. 拥有较高的市场地位

市场地位决定了公司的销售业绩与企业的前途，选股的时候应该注重市场地位这个参照物，垄断企业当为首选。垄断的企业，即使是平庸之人去经营也会发展得很好，这类股票能够最大限度地避免企业高层变动导致企业业绩大幅下降，减少了人为的不确定因素，可以保证投资和收益的稳定性。

3. 选择相对便宜的股票

牛市中股价齐上天，熊市中股价齐入地，下跌和上涨的时候都涉及获利盘，在缺少热钱的情况下，获利盘较多的股票往往会跌得很深，获利盘较少的股票相对会跌得少一点。高价股的获利盘必然比低价股的获利盘多得多，下跌的风险更大，高位买入高价股后套牢的深度是难以想象的。

4. 要回避炒作题材股

题材股涨得快，跌得更快，普通股民发现题材股被大炒的时候，一般已经处于炒作的末期。在炒作的末期，从表面看股价上涨得非常快，但已是强弩之末，不远处的悬崖正在等着你。所以，应该回避股价已经炒得很高的题材股。

股票操盘应跳出的九大误区

> 炒股者难免会陷入一些操作上的误区，
> 了解股市上操作的误区。

人们在一个市场上买卖股票，可以看成是理智的双方在交易。股票涨跌的因素有很多，但简单来看，主要是根据对上市公司的预期来判断的。在股市上进行交易的是人，买的人希望买到的价格越低越好，而卖的人当然希望卖掉的价格越高越好，这样就形成了一种博弈，如果一个公司的收益是比较平稳，它的价格反映了它的价值，所以股票的内部因素是它的基本价值，而外部因素才是股票脱离它的基本价值的最主要因素，才是你收获超额利润的源泉。了解了这个规律，我们才能避免陷入误区。

第一个误区，自以为很了解企业。你了解的企业，别人也了解，如果你炒股不愿冒险的话，就很难有好的收益。如果一个人人都看好的企业，它的股价里应该包涵了它的预期价值，可能已经被高估了；不好的企业的机会可能更大，一旦企业有了转机，它上涨的股价会出乎你的意料。

第二个误区，把近期要用的钱拿去炒股，或借钱来炒股。既然是炒股，是投机，你就要好好研究。股票是用钱换来的，我们在股市上的博弈还可以看成是持有钱和持有股票的两种选择。钱是我们在这个社会上生存的基本，可以买吃的、穿的，而股票对普通人来讲，要换成钱才可以去消费，我们炒股的目的也是为了得到更多的钱。股票的流动性很强，但正因为这样，当大家都不缺钱的时候股票会涨，而大家都缺钱的时候股票会跌。所以，当股市下跌的时候，往往利息也会下跌，利息涨的时候股市也涨。

第三个误区，赌徒心理，就是一下子把钱都投进去。这种人可能第一次成功了，但有赌徒心理的人是不会收手的，注定会失败的。炒股的真理永远是少数人赚多数人的钱，他们能看到宏观和微观，他们相信股市不会永远上涨，所以他们会退，他们相信股市也不会永远下跌，所以他们会进。想炒股，钱和智慧都不能缺。

第四个误区，异想天开，只想赚不想赔。股市的风险远大于赢利的机会，有些人进入股市，首先想到和想得最多的是赚钱发财，很少去想赔了钱怎么办，没有赔钱的思想准备。遇到股价下跌，心理落差大，就恐慌杀跌，股价跌到底板上还卖。

第五个误区，习惯跟着大多数人走。很多人看到大家都买股票时，也去抢着买，看到大家都卖股票时就急忙跟着杀跌。实际上，股市只能使少数人发财，赔钱的总是大多数人，跟着大多数人走总会倒霉，不是被套，就是踏空。炒股是靠知识和智慧取胜，胜出股市的秘诀是学习、学习、再学习。有些投资者不重视学习，买股票靠消息，分析行情靠专家，没有个人主见，不学会自己走路，迟早都会被股市吞没。

第六个误区，急功近利。有些人急于赚钱，看盘只看分时图，看重几分、几角的差价，不看大盘，不分析股价的整体走势，井底之蛙看不见天，这些人常犯捡到芝麻丢掉西瓜的错误。

第七个误区，频繁操作。有些新股民，认为炒股就是不停地买卖股票，频繁操作的结果是赔多赚少。炒股不同于到商店买东西，什么时候都可以买到。股价上涨是有条件的，多头市场未形成，股价就不会上涨，也就无钱可赚。

第八个误区，死抱住股票不卖。这种做法的结果是短线变长线，长线变贡献。小亏不吃，最后吃大亏。炒股被套牢后，要坚决、及时止损卖出。

第九个误区，只认准一只股票。股票被热炒过后，就无投资价值。有些人，在某只股票上赚了钱，就认为它是一只好股票，卖出后，又买回来，这易落入长期被套的境地。

第三章
国债：稳健投资者的首选

国债和基金比股票的风险小，比银行储蓄的收益大，可以说是一种相对稳妥的财富增值方式。但这并不是说，国债和基金就是万无一失、稳赚不赔的。做聪明的人，你就要了解国债和基金的投资中存在的风险，做好面对风险的准备，同时要通过提升自身的理财知识，来降低自己投资国债和基金的风险。

国债，安全性较高的投资渠道

买国债是除了银行定期存款外，
另一种安全性高的投资渠道。

相对于银行存款而言，各上市国债品种均具有高收益性。国内可投资的国债目前主要有三个类型。

记账式国债，这种国债现在发行较多，平均每个月发行一次或者多次，这种国债主要通过证券公司和柜台试点银行发行，发行过后，再通过交易所和试点银行上市交易，你可以随时买进卖出；因为记账式国债可以随时买卖，其价格跟股票一样上下浮动，如果你卖的时候国债价格下跌，你就会亏损；反之，价格上涨你可以卖掉，以此来赚取差价；记账式国债到期后国家还是按 100 元/每张赎回；同时，记账式国债期限一般期限较长，利率普遍没有新发行的凭证式国债高。你可以到证券公司去开户购买，或者柜台试点银行，主要包括工行、中行、农行等国有银行，还有招商银行等。记账式国债的利率没有凭证式高，但流动性好，因为可以随时交易买卖。期限有 3 个月、半年、1 年、3 年、5 年、7 年、10 年、20 年、30 年等，品种很多，但因为可以随时交易，你可以买任意期限的记账式国债，持有到一定你期望的时间后卖出。记账式国债每年的收益相当于 1 年期存款，1 万元本金，3 年后的利息收益大约 600 元。

还有两种国债，那就是凭证式国债和电子储蓄国债，它们发行比较少，每年分别只有两次，最多次；这种国债类似存银行定期，通常期限是 3~5 年，凭证式国债是一次性到期还本付息，提前赎回扣除本金 0.1% 的手续费，并按持有时间分段计算利息；而储蓄国债是每年付息，提前赎回也要扣除 0.1% 的本金，并按持有时间扣除不同月份的利息。

两种国债都不能上市交易流通，可以挂失、质押贷款。凭证式国债的年利率通常高于同期银行存款利率，1 万元本金，3 年后的利息收益大约 1000 元以上（前提条件是最近央行不降息）。

记账式国债面值是 100 元/张，1 手 =10 张，即 1000 元面值；每次交易最少是 1 手。但是记账式国债的价格是上下浮动，有可能超过 100 元，或者低于 100 元，所以 1 手你可以看作每张的价格乘以 10。例如 04 国债(10)，交易代码:010410，如果今天的收盘价格是：103.25 元/张，1 手 =103.25×10=1032.5 元。

储蓄国债是 100 整数倍起销售；凭证式国债通常是 1000 元起，100 元整数倍销售，个别银行也可能是从 100 元起。

投资国债，我们比较熟悉的是通过一级市场，即在银行柜台购买，对于二级市场的买卖，则知之不多。其实，通过证券营业部买卖上市国债，也不失为一种较佳的投资选择。目前在我国深沪两个交易所上市的国债现货有12个品种。相对于非上市国债，上市国债有其自身优势，主要表现在以下几个方面。

1. 流通性强

上市国债由于在交易所上市，参与的投资者较多，因而具有很强的流通性。只要证券交易所开市，投资者随时可以委托买卖。因此，投资者若不打算长期持有某一债券到期兑取本息，则投资上市国债较好，以保证在卖出时能顺利脱手。

2. 买卖方便

目前证券营业部都已开通自助委托，因此，投资上市国债可通过电话、电脑等直接委托买卖，不必像存款或购买非上市国债那样必须亲自到银行或柜台去，既方便，又省时。

3. 收益高且稳定

相对于银行存款而言，各上市国债品种均具有高收益性。这种高收益性主要体现在两方面：一是利率高，上市国债其发行与上市时的收益率都要高于当时的同期银行存款利率；二是在享受与活期存款同样的随时支取（卖出）的方便性的同时，其收益率却比活期存款利率高很多。

投资前，做好提前考察

投资债券是为了能有更好的收益，
要想选择适合自己的债券需要提前做好考察。

面对琳琅满目的债券产品，投资者首先必须充分了解自身的收益和风险偏好。在投资债券基金之前，要注意考察以下两个方面。

1. 关注债券基金中的股票投资

由于债券交易以银行间市场为主，与股票市场公开竞价方式不同，银行间债券交易是对手之间一对一进行询价和买卖，所以对于专业能力、从业经验、资源积累等诸多方面都有要求。基于与其他基金公司不同的股东背景，银行系基金对于银行间交易市场较为熟悉，在固定收益类产品投资管理方面相对也拥有较为明显的优势。

2. 关注A、B、C收费模式

对于收益稳定但水平不高的债券基金来说，费率对投资者的最终收益有较大的影响。目前，不少债券基金均设有A类、B类、C类不同的收费模式。一般情况下，A类模式为申购时收取申购费用，根据申购金额的大小制定申购费；B类为赎回时收取费用，根据持有时间的长短，制定不同费率；C类在申购和赎回时均不收取费用，但是会收取投资者一定比例的销售服务费用，按照持有天数从基金资产中计提。

投资者在购买同一债券基金A类、B类、C类的时候，应该根据自己的自身需求和实际情况，选择交易费用比较低的类别。对于一次性申购金额较大的机构投资者来说，比较适合购买A类模式的基金。对于长期投资者而言，B类模式持有时间越长，费率越低，比较适合这类人群。对于那些对资金的流动性要求比较高，且预计投资时间不超过两年的投资者来说，C类模式不收取申购、赎回费，仅按照持有时间每日提取销售服务费，因此选择C类模式就最适合不过了。

债券基金适合对风险承受能力较低、对资金安全性要求较高的投资者。如果投资者希望规避股市投资的风险且投资周期在一年以上，可以考虑选择债券基金。

在考察了以上两个方面之后，我们可以通过以下四个步骤，筛选出优良产品，选择适合自己的债券。

第一步，定种类。不同类型的债券基金，风险、收益也有不同。第二步，比收益。第三步，看公司。选择债券基金时，还需关注发行公司的投资风格。有些基金公司操作灵活、较为激进，有些公司较为稳健，并重点注重风险控制，不同的投资风格也会带来不同的风险收益水平。第四步，算费率。投资债基也要看基金费率，费率高低直接影响到收益水平。

目前，债基的收费方式一般分三类：前端收费模式，后端收费模式以及免收认/申购赎回费、收取销售服务费的模式，有的债基还要分A、B、C三类。

另外，特别需要投资者注意的是，对于债券型基金，尤其是风险厌恶型的投资人，一定要认真弄清其债券的投资比例。由于持有债券的比例过低，相对持有的股票数量较大，在股票大幅下跌之际就难逃亏损的命运。不愿意承受亏损的投资者可以重点考虑全债型基金或是货币市场基金。

把握购买债券的最佳时机

债券投资者面临着投资时机的选择问题，
应该学会掌握购买债券的时机。

债券一旦上市流通，其价格就要受多重因素的影响，反复波动。这对于投资者来说，就面临着投资时机的选择问题。机会选择得当，就能提高投资收益率；反之，投资效果就差一些。债券投资者要学会掌握购买债券的时机。债券投资时机的选择原则有以下几种。

1. 在投资群体集中到来之前

投资在社会和经济活动中，存在着一种从众行为，即某一个体的活动总是要趋同大多数人的行为，从而得到大多数的认可。这反映在投资活动中就是资金往往总是比较集中地进入债市或流入某一品种。一旦确认大量的资金进入市场，债券的价格就已经抬高了，所以精明的投资者就要抢先一步，在投资群体集中到来之前投资。

2. 追涨杀跌

债券价格的运动都存在着惯性，即不论是涨或跌都将有一段持续时间，所以投资者可以顺势投资，当整个债券市场行情即将启动时可买进债券，当市场开始盘整将选择向下突破时，可卖出债券。追涨杀跌的关键是要能及早确认趋势，如果走势很明显已到回头边缘再做决策，就会适得其反。

3. 在银行利率调高后或调低前

投资债券作为标准的利息商品，其市场价格极易受银行利率的影响，当银行利率上升时，大量资金就会纷纷流向储蓄存款，债券价格就会下降，反之亦然。因此，投资者为了获得较高的投资效益就应该密切注意投资环境中货币政策的变化，努力分析和发现利率变动信号，争取在银行即将调低利率前及时购入或在银行利率调高一段时间后买入债券，这样就能够获得更大的收益。

4. 在消费市场价格上涨后

投资物价因素影响着债券价格，当物价上涨时，人们发现货币购买力下降便会抛售债券，转而购买房地产、金银首饰等保值物品，从而引起债券价格的下跌；当物价上涨的趋势转缓后，债券价格的下跌也会停止。此时如果投资者能够有确切的信息或对市场前景有科学的预测，就可在人们纷纷折价抛售债券时投资购入，并耐心等待价格的回升，则投资收益将会是非常可观的。

5. 在新券上市时

投资债券市场与股票市场不一样，债券市场的价格体系一般是较为稳定的，往往在某一债券新发行或上市后才出现一次波动，为了吸引投资者，新发行或新上市的债券的年收益率总比已上市的债券要略高一些,这样债券市场价格就要做一次调整。一般是新上市的债券价格逐渐上升,收益逐渐下降,已上市的债券价格维持不动或下跌,收益率上升,债券市场价格达到新的平衡,而此时的市场价格比调整前的市场价格要高。因此,在债券新发行或新上市时购买,然后等待一段时期,在价格上升时再卖出,投资者将会有所收益。

挑选国债有技巧

要根据手中的资金运转状况,
来选择自己该购买的国债类型。

由于购买国债的同期利息多于储蓄利息,人们对购买国债的热情大大高于储蓄存款。然而,国债理财也不总是稳赚不赔的投资方式,其中有许多小窍门,首先就表现在关于选择购买哪种国债的问题上。

目前,我国发行的国债主要有凭证式国债和记账式国债两种。它们在发行方式、流通转让及还本付息方面有许多差别,在购买国债时,我们要根据实际情况选择不同的种类。

1. 凭证式国债:规避利息税品种

凭证式国债从购买之日起计息,可以记名,可以挂失,但不能流通。凭证式国债能为购买者带来固定并且稳定的收益,但是购买者需要弄清楚如果凭证式国债想提前支取,在发行期内,它是不计息的,在半年内支取，则按同期活期利率计算利息。值得注意的是，国债提前支取还需收取本金千分之一的手续费。这样，投资者在发行期内提前支取时，不得不偿付这笔手续费，那就不如进行储蓄划算了。

因此，对于资金使用时间不确定的人来说，最好不要买凭证式国债，以免因提前支取而损失了钱财。但相对而言，凭证式国债收益还是稳定的，在超出半年后提前支取，其利率都会高于储蓄存款提前支取的活期利率，同时没有利息所得税，到期利息也会多于同期储蓄存款所得利息，所以，凭证式国债更适合资金长期不用的工薪阶层和老年投资者。

2. 记账式国债：宜做短线波段

记账式国债是财政部通过无纸化方式发行的，以电脑记账方式记录债权并可以上市交易的一种国债。它可以自由买卖，其流通转让比凭证式国债更安全、更方便，更适合做三年以内的投资产品，而且收益与流动性都好于凭证式国债。

记账式国债的净值变化有规律可循，其净值变化的时段主要集中在发行期结束开始上市交易的初期。在这个时段，投资者所购的记账式国债将有较为明确的净值显示，可能获得资本溢价收益，也可能遭受资本损失。只要投资者在发行期购买记账式国债，就可以规避国债净值波动带来的风险。

记账式国债上市交易一段时间后，其净值便会相对稳定在某个数值上。随着其净值变化的稳定，投资国债持有期满的收益率也将相对稳定，但这个收益率是由记账式国债的市场需求决定的。对于那些打算持有到期记账式国债的投资者而言，只要避开国债净值多变的时段再投资购买，任何一个记账式国债将获得的收益率都相差不大。

另外，个人宜买短期记账式国债。如果时间比较长，一旦市场有变化，就存在暴跌的风险。相对而言，因年轻的投资者对信息化及市场变动都会比较敏感，所以它更适合年轻投资者购买。

风险小，也要注意风险

债券虽然收益相对稳定，要获得既稳定又较大的收益，
是需要一番智慧的。

有人说，债券是最适合女性的投资理财产品。这恐怕是基于世人感觉中女性厌恶风险的特性所得出的结论。其实，所有投资赚钱的方式都在一定程度上依靠投机，究竟投资与投机有多大的区别，理论界至今也没有分出个子丑寅卯来，大致可以肯定的是，投资是未来比较稳定的收入和相对安全的本金之间的媒介，含有已知的风险程度；投机却要承当较大的风险，确定性和安全性比较低。债券投资一般有如下情形。

1. 多头与空头

多头看涨是买方（先买后卖），空头看跌是卖方（先卖后买）。但是，市场上影响债券价格的因素很多，无论是多头，还是空头，未必能如愿以偿。当多头买进债券后，期望它涨价了好卖出去获利，可是事与愿违，价格却跌了，卖出又无利可图，不如静观其变，这种情况即多头套牢；相反，空头卖出债券后，价格却不断上涨，买回无利可图，只有死等它跌价，这便形成了空头套牢。多头与空头，并不是一成不变的，它们也会随市场的瞬息万变而变换角色。比如，你先用1万元买进某种债券后，它却不断跌价，你认为价格上涨无望，压力很大，立即将这1万元买进的债券卖出，同时将老底也卖出，这样就由多头变成了空头。这种多头空头互换，正是债券市场活跃的标志之一。

2. 买空和卖空

两种都是证券操作者利用债券价格的涨落变动的差价，在很短的时间内买卖同一种债券，从中赚取价差的行为。比如，甲在某证券公司开设户头后，他预计行情可能会涨，于是在开盘后就买进某种债券，其后，该债券果然上涨，涨到一定的程度，他卖出同数量的债券，在这一进一出之间，获得进出之间不同价格的差额，这就是买空和卖空。又如，乙认为行情会下跌，他就先卖出某种债券，其后，该债券价果然下跌，他又买回同量的该债券，这样进出之间，同样也得到了利润，这便是卖空和买空。这两种情形，都因单位价差幅度小，变化速度快，风险较大，所以事前必须研究行情的起落，交易过程中要有灵通的信息和精通操作变化，行动也要迅速、准确。

由于中国目前企业债券流通市场还不十分完善，多数企业债券不能上市，也无法提前支取，而国债因其信誉高、收益稳定、安全，且个人投资国债的利息收入免交利息税，因而也就越来越受到众多投资者的青睐。

目前国债发行和交易有一个显著的特点，就是品种丰富，期限上有短期、中期之别；利率计算上有附息式、贴现式之异；券种形式上有无纸化（记账式）、有纸化（凭证式）之不同。如果能经常、方便地看到国债市场行情，有兴趣有条件关注国债交易行情，则不妨购买记账式国债或无记名国债，投资人可主动参与"债市交易"。由于国债的固定收益是以国家信誉担保、到期时由国家还本付息，因此，国债相对股票及各类企业债券而言，具有"风险小、收益稳"的优势。

个人投资国债，应根据每个家庭和每个人的情况不同，以及根据资金的长、短期限来计划安排。

如有短期的闲置资金，可购买记账式国库券（就近有证券公司网点、开立国债账户方便者）或无记名国债。因为记账式国债和无记名国债均为可上市流通的券种，其交易价格随行就市，在持有期间可随时通过交易场所卖出（变现），方便投资人在急需用钱时及时将"债"变"钱"。

如有三年以上或更长一段时间的闲置资金，可购买中、长期国债。一般来说，国债的期限越长则发行利率越高，因此，投资期限较长的国债可获得更多的收益。

要想采取最稳妥的保管手段，则购买凭证式国债或记账式国债，投资人在购买时将自己的有效身份证件在发售柜台备案，便可记名挂失。其形式如同银行的储蓄存款，但国债的利率比银行同期储蓄存款利率略高。如果国债持有人因保管不慎等原因发生丢失，只要及时到经办柜台办理挂失手续，便可避免损失。

今后发行的国债，就其期限结构而言，计划有3个月、6个月、1年、2年、3年、5年及8年等品种，就其品种结构而言，还将有"凭证式""记账式""无记名式"国债相继面市，个人投资者将会更为方便地进行国债投资，国债也将作为一种稳妥增值的金融商品受到千家万户储蓄者的青睐。

债券投资的忌宜法则

当考虑到股票发生损失的可能性，
会发现债券是一种更好的投资工具。

债券是不错的投资工具。数据显示股票和债券的历史回报率分别为10%和5%，但在考虑费用、成本和税收之后，现实中的股票投资回报率大约为6%~7%。

假设有100元股票，股票价格先上升50%，此时，股票价值150元；然后下降50%，股票仅剩75元，损失了25%。同样，假设有100元股票，股票价格先下跌了50%，此时，股票价值50元；然后上升了50%，股票为75元，还是损失了25%。

从债券中，有两种获得收入的基本方式。

第一，在债券持有期间内定期获得利息。附息债券，每半年取得一次利息，到期时按照面值收回本金。这种收入以前也称为剪息票。

第二，以低于面值的价格买入债券。例如，只花了5000元就购买了面值10000元的10年期债券。这并不一定说你买到了便宜货。债券的折扣程度是经过精确计算的，并且不支付任何利息。这类债券称为零息债券。到期时收回本金和全部利息。对于这种债券，购入价格和面值之间的差额就代表你所获得的投资收益。当市场利率上升时，债券为投资者提供的收益率也会上升，此时债券价格随之下跌；当市场利率下降时，债券为投资者提供的收益率也会下降，此时债券价格随之上升。

无形的市场总是在寻求达到均衡。市场无法改变固定的息票利率，这是债券在发行时就已经确定的，但是市场可以影响债券的交易价格。随着价格的变动，收益率也在变动。理解收益率与价格之间的关系很重要。例如，如果债券的利率为5%，目前市场利率为4%，那么买房就愿意支付高于面值的价格以获得较高的利息支付。这样，债券价格相对于面值有一定溢价；相反，同样是息票利率为5%，但当时市场利率为6%，为了吸引投资者购买该债券，其价格必须大大低于债券面值，从而债券买卖价格相对于面值有一定折扣。债券的购买成本通常以"点"来报价，报价为101点的债券真实售价为1010元。

如果你能够持有债券5年时间，购买单个债券就会更好，如果你对流动性要求比较高，并且没有足够资金进行分散化投资，最好买基金。

尽管能够进行在线交易，但是最好在网上找到某只债券，然后与经纪人谈判购买债券。经纪人也许能够为你提供一个折扣价格或者向你推荐公司持有的更好的债券。但注意，要选择正规的经纪公司和经纪人。

投资债券的最简单方法是购买债券共同基金。

1. 利率较高或者上升时的投资策略

（1）迅速将现金用于投资。如果持有现金，可以将其投资于中期债券，此时的利率水平比低利率时期要高很多，因此，利率上升完全是一个好消息。如果国债收益率曲线比较平缓，应购买2~10年的中期国债；如果市政债券收益率曲线比较平缓，应购买7~15年的市政债券。

（2）考虑将银行存单变现，支付罚金，然后投资于高收益并且安全的相当产品，例如中期国债、机构债券或者其他6年期存单。

（3）购买溢价债券。

（4）购买新发债券，因为新发债券是价格领导者。由于经纪人不希望现在持有的其他债券价值损失，所以旧债券不会很快降价。但要注意，新发行的债券是按照当前的市场情况发行的。

（5）持有通胀保值债券。

（6）进行短期债券与中期或长期债券互换。如果长期债券的收益率显著高于短期债券，可以通过互换锁定更高的回报率。

2. 利率较低或者下降时的投资策略

（1）不要持有现金。可能有人认为最好将现金投资于低收益率的货币市场基金并等待利率上升。尽管有时这一策略可能不错，但也可能不划算。例如，假设货币市场利率为2%，而5年期债券利率为4%，如果利率保持不变，那么在等待期内每年就将损失2%。即便利率上升，它们也必须上升足够多，这样等待才有意义。

（2）实现资本利得。可以考虑出售部分债券，实现资本利得。然而，这种策略仅仅在你将出售债券所得投资于其他类型的资产（如股票或房地产），或者需要现金用于个人开支时才有意义。如果你的出售所得仍然投资于其他类似的债券，那几乎没有任何好处。

（3）考虑在二级市场投资。可以考虑在二级市场而不是发行市场上购买债券。因为新发行的债券具有价格领导者的作用，如果市场利率下降，它们的发行收益率也会比较低。

（4）购买期限较长的债券基金。如果利率下降，长期债券基金能够提供最高的总回报率。尽管我们让大家谨慎购买长期债券，但是它们也有一定的优势。长期债券的收益率通常高于短期债券，并且，当利率下降时，价格上升幅度更大。

第四章
基金：适合长期持有的理财工具

基金是一种适合长期持有的理财方式，通过复利的效应带给你意想不到的资产。基金进入我国市场已有十多年的时间，很多投资者都发现了这匹理财领域的黑马。基金可以采用定投的方式来进行投资，就像是固定的时间内不断地敲响闹铃，提醒你，你的资产又增值了。

新手入门：什么是开放式基金

关于开放式基金，
要弄清开放式基金与封闭式基金的不同之处。

当我们接触自己没有接触过的事物时，首先需要对该事物有一个大概的了解。对于刚刚入门开放式基金的新手来说，我们需要了解开放式基金的特点，开放式基金和储蓄的不同之处，以及开放式基金所具有的风险。

新手入门开放式基金，首先要弄清开放式基金与封闭式基金的不同之处，进而了解开放式基金的优点。

封闭式基金在发行期满或者基金达到预定规模后即"封闭",发行在外的基金单位总数固定,通过证券市场进行公开交易。开放式基金发行在外的单位数随基金投资人买卖而增减,投资人可在交易日向基金管理公司进行买卖。封闭式基金的买卖价格取决于当日基金二级市场的供需,成交价格一般与基金净值不同,会出现折价或溢价,投资者需要承担价格波动的风险,而开放式基金的买卖价格是基金单位净值增加或扣除一定费用而得到的。

相对而言,开放式基金具有的优点是:开放式基金可以由基金公司直销,也可以由代销商代销(如商业银行),对广大投资者来说非常方便。开放式基金由于可以随时赎回,业绩不好的话,会出现大量赎回,对基金管理公司的激励和约束比封闭式基金要强。

此外,开放式基金是基金管理公司同投资者直接打交道,投资者在投资开放式基金时会发现,可以享受到基金公司(或其通过代销商)的一系列服务,比如,基金资产和价格的查询、各种咨询,等等。封闭式基金一旦发行完,投资者和基金管理公司之间没有太多联系,投资者享受到的服务十分有限。

了解了开放式基金的特点之后,我们会觉得开放式基金更优于封闭式基金,但与储蓄相比,我们往往又会在开放式基金和储蓄之间难以抉择。这就需要我们首先弄清开放式基金和储蓄的差别之处,进而根据自身的情况去具体选择。

如果开放式基金通过银行代销,许多人会发现买卖基金同存款和取款没有太多的程序上的区别,但是,两者存在本质上的不同。

从收益的角度来说,投资基金可以获得证券市场的收益,而储蓄存款只能获得固定利率,在通货膨胀的情况下,可能会侵蚀掉银行的利率收益,有时可能实际利率为负,因此,一般来说,基金收益会高于存款。

从风险的角度说，投资基金要承担投资风险，而储蓄存款确立了固定的利率，基本不存在风险。

从流动性角度来说，存款和开放式基金都有比较强的流动性，但是，当出现巨额赎回或者暂停赎回时，开放式基金的投资者会遇到变现的困难和风险。

在我们投资开放式基金之前，我们必须首先了解开放式基金的风险，进而根据自己的风险承受能力来决定自己是否适合选择投资开放式基金会。一般说来，开放式基金的风险不论是运作上还是投资上，都具有风险。

1. 基金的运作风险

（1）系统运作风险。当基金管理人、过户代理人、基金托管人、基金代销机构等当事人的运行系统出现问题时，可能会给投资者带来损失。

（2）基金当事人的管理风险。基金管理公司内部运作是否有效，内部风险控制的好坏等管理因素将影响到投资者买卖基金是否及时、准确，各方当事人的管理水平使得投资者要承担一定的投资风险。尤其是基金管理人的管理水平将直接影响基金的收益状况。

（3）基金当事人的经营风险。基金管理人、过户代理人、基金托管人、基金代销机构等当事人如果经营不善，导致经营亏损或破产，可能会给相关的投资者带来一定的风险。

2. 基金的投资风险

开放式基金投资于证券市场，主要是股票和债券，因此，基金的投资风险主要来源于股票投资风险和债券投资风险。

（1）股票投资风险。股票投资风险主要来自上市公司的经营风险、市场风险、经济周期波动等。

（2）债券投资风险。债券投资的风险直接来源于市场利率的风险，利率的变动会对债券收益产生直接的影响。

3. 流动性风险

开放式基金的流动性风险来自于巨额赎回和暂停赎回风险。

一般地，开放式基金单个开放日，基金净赎回申请超过基金总份额的某个比例时，为巨额赎回。巨额赎回申请发生时，基金管理人可以不全部接受赎回申请，在当日接受赎回比例不低于基金总份额某个比例的前提下，可以对其余赎回申请延期办理。投资者对未受理部分可以放弃赎回，也可以延迟办理赎回，但赎回价格变为延迟赎回日的价格。

当开放式基金连续发生巨额赎回时，基金管理公司可按基金契约及招募说明书载明的规定，暂停接受赎回申请。

降低基金风险该从何处入手

基金也是有风险的，要加强基金知识储备，
做一个理性的基金投资者。

投资有风险，股票是这样，基金也是如此。基金公司在投资的过程中，存在各种各样的风险，主要是基金公司的运作风险和基金的投资风险，但这些风险对投资者来说，未必就是他所面临的最大风险。风险人人都会面临，但当风险真的袭来时，有的投资者能把可能性的损失降到尽可能的少；有的人却常常是要受到很大的损失，不用说增值了，保值都没有做到。这到底是为何呢？

风险来自你不知道自己正在做些什么。投资的最大风险莫过于盲目，投资中最大的风险常常是来自于投资者本身。

基金在2006年和2007年曾创造了巨大的赚钱效应，这是许多投资者进入市场的诱因。许多人甚至连基金为何物都不甚了解，靠别人的推荐，没有自己的思考，以为基金是"包赚不赔"，头脑中根本没有风险意识，当风暴来临，自然会受到巨大的损失。

投资基金有风险，没有谁可以保证过去的神话会在未来延续。也正因为如此，所以我们必须在头脑中牢固地树立起风险意识，要提高自己的风险管理能力，面对风险要学会避险，而不是惊慌失措操作失当，结果反而人为地放大了风险。不能合理地避险，人为地放大风险，这才是投资者所面临的最大风险。那么，避险，应从何处入手呢？

1. 做一个明明白白的投资人

俗话说，下水之前先识水。盲目地入市，跟风似的操作，可能一时会有不错的收益，但要想长期投资，得到长期的收益，所有的行为都应该建立在深入了解、深思熟虑的基础之上。投资前要舍得花时间静下心来学习、分析、比较，不能用别人的话来代替自己的思考，代替自己的学习。

（1）学中识"基"：不熟不做，不懂不进。投资基金不是为赌一把而来，我们应从最基础的知识学起，到书店买来有关的书籍，到网上查找有关基金的资料，慢慢地搞明白了，所谓的基金实际就是专家理财，基金的优势就是专业优势、团队优势、规模优势。

（2）认真识"己"：对基金有了一定的了解之后，这只是做到了"知彼"，还要有一个"知己"的过程，还要认真分析自己的情况。要把识"基"和识"己"结合起来。不光要知道自己想要什么，还要知道自己不能做什么，了解哪些基金能满足自己的需要，明确怎么样买基金才能更好地实现自己的目标。

（3）比中选"基"：只有适合自己的才是最好的。买基金，我们要看招募说明书中阐述的投资理念投资范围，要看年报季报中基金的投资情况，要看基金公司的投资团队，根据自身的理财规划来确定适合的基金产品类型，合理地进行资产配置和基金类型配置。

2. 做一个独立思考的投资人

"羊群效应"是投资行为中一种常见现象。多数人的投资习惯是随大流，看到别人做什么就跟着做什么，不是仔细地研究基本面、技术面，不是认真研究报表，而是热衷于到处打探消息，喜欢道听途说，很轻易地就相信他人的说法，把自己辛辛苦苦赚来的钱随意投资。还有的人非常迷信专家，专家如何说就如何操作。这种盲从心理在投资中是极其有害的。羊群效应放大了人们的心理偏差，使人们的投资决策以"羊群"的感觉为依据，而不是以正轨的分析为依据。

罗杰斯曾经说过："我可以保证，市场的大多数操作是错的。必须独立思考，必须抛开羊群心理。"要想真正获取收益，基金投资必须要独立思考，做一名理性的投资者，形成自己的投资理念，有自己的交易方法和原则。中国有句古话"三思而后行"，说的就是这个道理。股市中获大利的永远是少数人。所以成功者，必定是一个独立思考，不随波逐流的人。要不断地学习，不断地思考，把学习和思考结合起来，这样，你才可能长久地生存下去。

3. 做一个耐心的投资人

投资基金之路犹如一场长跑，这是一场需要更多理智而不仅仅是热情的长跑，投资过程中更多的是需要耐下心来坚持到底。

（1）信"基"之心要坚

每个基金公司都有自己的投资理念，每只基金都有自己的投资风格。在同样的市场条件下，基金会有不同的表现。因此我们要始终看淡一时的涨与跌，相信自己的判断，相信自己所持有的基金能为自己带来长期的收益。

（2）捂"基"之时要长

投资基金应该有一种和投资股票不一样的风格，不应该抱着一种"炒"的心态，进行波段操作，而应该抱着一种"捂"的心态。股票可以适合投机，但基金却不适合投机。只要相信自己，相信基金，长期持有，就可以有效地化解风险。

（3）换"基"之术要会

当然，长期持有，并不是说一味地消极等待。在"捂"基金的同时，我们可以采取各种有效措施规避风险，实现收益的最大化。比如我们可以选择分红再投资的方式，追求复利；比如我们可以进行基金转换，把高收益但同时也是高风险的基金品种转换为低收益，但同时也是低风险的基金品种来规避风险，耐心持有加主动操作，实现资产的保值增值。

人们常说："站得高，望得远。"有一句古诗："不识庐山真面目，只缘身在此山中。"投资基金，不能眼里只有基金，要跳出基金看基金。投资基金，使自己学会了站在大环境里看基金，用发展的眼光看待投资，从而也更坚定了自己长期持有的信心。只要我们多一些理性，多一些思考，多一些耐心，我们就会有更多的收获。

选"基",基金收益的核心环节

投资基金时,选择适合自己而又收益好的基金最重要。

投资基金也需要选择,选对适合自己的基金,则提高自己的收益;反之收益则不是那么理想。我们在选择基金时有多种选择标准,我们以风险和收益为选择的依据,也可以以我们自身的年龄和婚姻状况作为选择的依据,还可以根据投资期限来选择自己购买哪种基金。

1. 根据风险和收益

不同类型的基金,给投资者带来的风险各不相同。其中,股票型基金的风险最高,混合型基金和债券基金次之,货币市场基金和保本基金的风险最小。

即使是同一类型的基金,由于投资风格和投资策略的不同,风险也会不同。比如在股票型基金中,与成长型和增强型的股票型基金比起来,平衡型、稳健型、指数型的风险要低些。同时,收益和风险通常有较大的关联度,两者是呈同方向变化的。收益高则风险也高,反之则低。也就是说,要想获得高收益往往要承担高风险。

如果投资者的风险承受力低,宜选择货币市场基金,这类基金可作为储蓄的替代品种,还可获得比储蓄利息高的回报;如果投资者的风险承受力稍强,可以选择混合型基金和债券基金;如果投资者的风险承受力较强，且希望收益更大，可以选择指数基金；如果投资者的风险承受力很强，可以选择偏股型基金。

2. 根据投资者年龄

在不同的年龄阶段，每个投资者的投资目标、所能承受的风险程度和经济能力各有差异。

一般来说，年轻人事业处于开拓阶段，有一定的经济能力，没有家庭或子女的负担，或者即使有也较轻，收入大于支出，风险承受能力较高，股票型基金或者股票投资比重较高的平衡型基金（即偏股型基金）都是不错的选择。

中年人家庭生活和收入比较稳定，已经成为开放式基金的投资主力军，但需要承担较重的家庭责任，所能承受的风险不高，投资时应该将投资收益和风险综合起来考虑，宜选择平衡型基金。在分析自己的投资目标、风险承受力、投资经验和经济能力等的基础上，最好选择多样化的投资组合，将风险最大程度地分散化。

老年阶段主要依靠养老金及前期投资收益生活，一般很少有额外的收入来源，风险承受能力较小，这一阶段的投资以稳健、安全、保值为目的，通常比较适合部分平衡型基金或债券型基金这些安全性较高的产品。也可以选择保本型基金或货币市场基金等低风险基金。

3. 根据婚姻状况

单身型投资者往往追求高收益，尤其是那些没有家庭负担、没有经济压力的人来说，他们很愿意承担风险，从而追求资产快速增值。他们可采取的投资策略是：积极型基金投 50%，适度积极型基金投 30%，储蓄替代型基金投 20%。这种组合中，股票型基金的比例占了很大一部分，偏好于积极投资，以达到资本增值的目标。

初建家庭的投资者希望在中等风险水平下获取较高的收益，他们并不拥有较强的资金实力，却有明确的财富增值目标和一定的风险承受力。他们可采取的投资策略是：积极型基金投40%，适度积极型基金投30%，储蓄替代型基金投30%。这种组合中，积极型基金占了较大比例，适度积极型基金次之，同时储蓄型产品也占了一定的比例，保证了资产具有一定的流动性，以备应付人口增加、支出增多和资产保值需求。

家庭稳定的投资者追求在中等风险水平下得到可靠的投资回报，期望投资能带来一定的收益，能应付几年后孩子教育的支出。他们可采取的投资策略是：积极型基金、适度积极型基金、稳健型基金、储蓄替代型基金，分别占30%、30%、20%、20%。这种组合兼顾资产的中长期保值增值和收益的稳定性及变现性。

4. 根据投资期限

投资时间的长短需要投资者重点考虑，因为它将对投资行为产生直接的影响。投资者必须了解自己手中闲置资金可以用来进行多长时间的投资。

如果投资期限在5年以上，可以选择股票型基金这类风险偏高的产品，这样可以防止基金价值短期波动的风险，又可获得长期增值的机会，有较高的预期收益率。保本基金的投资期限也较长，一般为3年或5年，为投资者提供一定比例的本金回报保证，只要过了期限就能绝对保本，因此也适合长期投资。

如果投资期限在2~5年，除了选择股票型基金这类高风险的产品，还可以投资一些收益比较稳定的债券型或平衡型基金。这是为了保证资金具有一定的流动性，但是，由于申购、赎回环节都要交纳不菲的手续费，投资前要考虑收入及费用问题。

如果投资期限在两年以下,最好选择债券型基金和货币市场基金,这是因为这两类基金风险低、收益比较稳定。特别是货币基金具备极强的流动性,又因其不收取申购、赎回费用,投资者在需要资金时可以随时将其变现,在手头宽裕时又可以随时申购,这是做短期投资的首选。

对于业余的、长期的基金投资者来说,只有一种方式是可取的。那就是,配置一定比例的指数基金,再配置一定比例的信得过的基金经理的基金,这样,就使我们能在牛市的时候靠近指数走势,在熊市的时候,适量超越指数。

避开误区,购买基金不盲目

在进行基金投资时,
了解并避开基金误区是投资者必需的素质。

很多正在投资基金的人并不是很了解基金投资的误区,而是盲目地进行投资,这些人很容易陷入基金投资中的误区。作为一个理性的基金投资者,需要了解基金投资中的误区,具体来说,基金投资中的误区主要有以下几种:

误区1. 只买新基金或只买老基金

基金销售渠道对新基金的宣传比较多,投资者较多接触的也是新基金的消息,很多投资者习惯于购买新基金。不过从理性投资角度,对新基金的择时择股能力缺乏判断依据。新基金存在建仓期和封闭期，如果判断大盘要上涨，选择新基金的收益会落后于老基金；如果判断大盘要下跌，等等再买可能是更好的选择。这样看来，买新基金不是买原始股，并不能创造财富神话；相反，有的投资者只钟情于老的基金。买新基金还是老基金，在综合分析的基础上应该做更理性的选择。

误区 2. 买不同的基金就能分散风险

有的投资者以为买不同的基金就能分散风险，持有的基金数目众多，持有十多只的大有人在，有的投资者早就记不清自己买的是什么基金了。甚至连自己的投资成本都不知道。过多的数量不利于持续追踪基金表现，未必能分散投资风险，但是必然会分散优良基金的超额利润贡献。根据个人的风险承受能力，选择三到五只基金即可，资金量较大的选择五至八只也足以分散风险了，所以，投资者在买基金时，一定要多了解一些自己已有基金的状况，与其买"重复"基金，不如加仓已有的好基金。

误区 3. 基金净值"宁低勿高"

一些投资者谈到一些基金时说："净值太高了，还是找个净值低点儿的买吧。"其实，基金净值是历史业绩的累积，净值高是因为成立以来业绩好或者分红少的结果，并不影响基金未来的业绩。选择基金主要看基金经理的投资能力。如果投资能力强，净值高的基金的净值可能会一路走高；如果投资能力差，择时或者择股能力不慎也可能会给投资者造成损失。有的投资者觉得净值低的基金收益高，其实，核算收益率主要看相对值，不能只看绝对值。以 10 万元投资为例，购买 10 万份净值为 1 元的基金和 5 万份净值为 2 元的基金，如果收益率达到 10%，同样可以实现1万元的收益，净值高低和收益率没有什么关系。

误区4. 长期投资就是拿着不动

很多投资者买了基金后选择了一直持有，过后才发现自己错过了高位减仓的机会，或者忽然发现基金经理早已不是自己中意的那个。基金是适合普通投资者长期投资的品种，但是不等于什么品种都适合长期投资，不等于什么时候都适合拿着同样的组合不动，不等于不追踪基金的变化。长期投资和阶段性持有并不矛盾，适时减仓和调换是回避系统性风险和非系统性风险的重要手段。

误区5. 以历史论英雄

基金投资的收益是时点和品种的综合表现，基金挣钱了，可能主要是因为当初介入的点位比较低，基金赔钱了，可能主要是因为基金经理投资能力有限。在单边牛市表现好的基金未必能在震荡市里表现出色，单纯依据绝对收益来判断基金优劣显然有些偏颇，囿于历史成本而不做基金投资品种的调整，可能会在下一轮行情中错失先机。

误区6. 基金有贵贱之分

新基金比较"廉价"，买的份额又多，赚钱多；老基金净值高，"太贵"了，所以只买新基金，不买老基金。相当多的投资者只有当银行推出新基金时才购买，最初的损失，往往是最小的损失。有些人甚至为了买新基金，把收益良好的基金卖了，银行门口出现火爆的排队场面，这是典型的盲目投资行为。

新基金从发行到建仓需要几个月（即封闭期），在股市持续上涨的牛市，将错过几个月的收益。新基金没有过往业绩可以参考，而且大多数由新基金经理治理，投资者无从推断其治理能力的优劣。基金没有"贵"和"廉价"之分，只有收益高和收益低之分，我们购买的是基金投资价值，而不是基金的价格。

误区 7. 基金也要做波段

股票要高抛低吸，所以基金也应该短炒，进行波段式操作，这样才能取得高收益。

投机或短炒将带来很大损失，不适合波段操作，因为，投资者很难准确预测阶段性高点和低点，不可能提前操作，一旦看市场下跌再赎回，很可能卖到低位上。基金申购赎回费用相对较高，不利于短线投机操作，最后再次买入，时机难以有效把握。

女性投资基金的小窍门

对于女性朋友来说，

定期定额投资基金是一项不错的选择。

天生感情细腻、敏感易冲动的女性，该如何选择基金呢？理财专家认为，女性投资基金要谨慎小心。

1. 定期定额投资基金是首选

定期定额投资基金是女性朋友的首选投资工具。每月从自存款账户中拨出固定金额来投资基金，其好处是强迫储蓄投资，不论市场如何波动，可不必考虑进场时机，由于进场时点分散，风险也同时分散，并且平摊了投资成本。定期定额购买基金可以帮助女性朋友克服犹豫不决的弱点，有效保证"买低卖高"的结果。同时，定期定额更着重时间的复利效果，适合中长期的目标理财，杜绝了投机性质的投资行为，为女性朋友养成有规律、有系统地投资理财创造了条件。

2. 精选"品牌"基金为首要

市场上有多少家基金公司就有多少种基金的"品牌"，女性投资者在进行投资之前要做好功课，对这些基金公司进行分析研究。

基金公司所管理的规模、成立时间、业内评价以及旗下基金的业绩状况等都是女性投资者应该关注的重点。基金公司的品牌也是在时间的历练下闪闪发光的。

一般来说，好的基金公司有两种。一种是规模大、信誉好的"航空母舰"，公司实力雄厚、管理机制完善、产品线完备，并且有良好的业绩支撑，这类公司适合愿意承受低风险的稳健型女性投资者；一种是发展潜力巨大的"潜水艇"式的基金公司，这些公司可能成立时间不长，但业绩不俗，并且管理机制灵活，精英汇集，这适合愿意付出一定风险获取高额收益的女性投资者。

3. 善于选择"明星级"基金经理

女性投资者可以做出的挑选是对于基金经理的，这将是获胜的基础，不少"明星级"基金经理会让你有想不到的收益。

关注一只基金最重要的是看该基金的管理人的投资技巧和绝招，有些基金经理稳中求进，进行价值投资；有些基金经理追求超额收益，寻找价值反转型股票；有些基金经理对行业研究深刻而个股时机不准……女性投资者在进行选择前需要鉴别，看清楚每只基金的内涵，寻找最适合自己"风格"的基金。

投资组合可能是让女性投资者的购基行为更有个性的办法，根据自己的特色即风险承受能力，来选择基金种类和投资的比例。如果风险承受能力好、对后市有信心的女性投资者完全可以配置60%~80%的股票性基金，但要是风险承受能力差，并且认为牛市很快结束的女性投资者，可以高比例配置债券型基金。

4. 货比三家省费用

对于一个精明的女性投资者来说，永远的货比三家才是购物的"王道"，选择基金也是一样。

投资基金要付出一笔不小的费用，如何选择"性价比"最高的基金呢？目前情况下，不少基金公司和银行都推出了基金申购费用的优惠，特别是网上购买基金一般都可以享受到4~6折的优惠。

女性投资者可以从基金公司的网站上直接购买基金，这样不仅费用降低，而且转换基金、更改分红方式等方面也可以直接在网上进行，省时省力。但不能只因为某只基金的折扣高就投资那只基金，"好货不便宜"的道理相信女性投资者也不陌生，因此女性投资者可以选择出一些有投资价值的基金后，再比较其费用是否划算。

另外，女性投资者要保持耐心，基金的升值不会很快，并且净值变动是很正常的，最好是进行长线投资。

5. 选择基金要考虑个人的风险承受力

首先，要根据自己的年龄及家庭现有的财务经济状况，制定相应的理财规划。如 25~30 岁的年轻女性，主要是积累充实自己的社会阅历、职场经验，并为步入家庭储备资金，在理财上应采取比较积极的态度。而 30~50 岁的女性朋友，重点需求是购置房屋或准备子女的教育经费，追求稳定的生活质量，在理财心态上应较为保守、冷静，尤其应设定预算系统，以安全及防护为主。进入 50~60 岁的中年妇女，生活模式大致较稳定，收入也较高，孩子也已经长大，在此阶段投资心态应更为谨慎，逐步增加固定收益型投资的比重，但仍可用定期定额方式参与股市的投资。到了 60 岁之后进入养老期，理财需求以保本为主，应少做积极性投资。

教育基金投资是长远投资

针对我国的教育投资方式，
要根据家庭的实际情况选择适合自己的教育投资。

虽然国家承担着义务教育阶段的培养费用，家长们在望子成龙的期待和社会竞争压力下，还是希望让孩子享受到更多、更丰富的多元教育服务。从幼儿园、中小学甚至到大学教育阶段，家长们持续投入大量资金用于支付孩子的多项费用，有的家庭还考虑送孩子到国外留学。由此可见，孩子的教育投资将是一个长期的、投入巨大的系统工程，必须纳入家庭理财长远规划之中，家长们应当将子女教育投资作为家庭理财的"必修课"。

如果从小学开始算起，国内培养一个大学生的平均开销需要 15 万到20万，按照现在大学生平均月薪和增长速度来计算，快的话，5到7年就可以收回投资，所以哪怕是单独从个人收入的角度来看，教育投资也还是划算的，但鉴于目前教育投资的风险在不断增加，其边际效用却不断在减少，因此孩子能否成为有价值的"耐用生产品"，关键还是在于做好子女教育投资的规划。

现在市场上流行的教育资金理财有三种方式：教育储蓄、教育基金、教育基金保险等。在这三种流行的教育资金理财方式中，聪明的投资者要根据家庭的实际情况，选择适合自己的教育投资方式。

1. 教育储蓄

根据人民银行出台的《教育储蓄管理办法》，对在校的非义务教育的学生实行优惠教育储蓄。教育储蓄为零存整取定期储蓄存款，存期分为1年、3年、6年。最低起存金额为50元，存入金额为50元的整倍数，可一次性存入，也可分次存入或按月存入，本金合计最高限额为2万元。教育储蓄的利率享受两大优惠政策，除免征利息所得税外，其作为零存整取储蓄将享受整存整取利率，利率优惠幅度在25%以上。

虽然教育储蓄免税，但收益率较低，且手续复杂，如对象为小学四年级以上的在校学生，支取时必须提供所在学校出具的证明，证实存款人正在接受非义务教育。并且存款具有限额，每一账户本金合计最高限额为2万元。

这种存款方式适合工资收入不高、有资金流动性要求的家庭。收益有保证，零存整取也可积少成多。

2. 教育基金

现在也有不少针对教育理财需求的基金，比如光大银行和泰信基金推出的基金创新理财品种——"阳光宝贝·先行起跑"教育投资计划，综合考虑中国 GDP 增长速度及过去基金业的平均收益水平，按 10% 的年收益率来计算，定期定额投资。如果在孩子 3 岁时每个月投资 500 元购买该基金，一年购买 6000 元，到孩子进入大学时就可能拥有 24 万元。

虽然基金在时间上做到了分散投资，规避了部分证券市场的风险，但证券市场有起有落，教育资金的投资还是要以稳健为主。多种基金组合在一起是一种不错的投资方式，进可攻退可守。

3. 教育基金保险

"教育基金保险"虽然也具有储蓄投资的功能，但它的基调是保障，因此并不是最有效的资金增值手段。此外，中途退出可能遭遇损失，只能拿到较少的现金，缺乏变现能力是其不足之处。

第五章
保险：为未来提供保障

人生是一段无法回头、只能不停向前走的旅程。也许前面的道路是花香鸟语、阳光普照，也许是大雨滂沱、乌云遮日。在这段路程中，难免会遇到各种各样的风险，在面对困难的时候，我们希望有亲朋好友来帮助我们，保险就是这样的"亲朋好友"，保险能够为我们未来的生活提供一份保障，在我们遇到风险的时候，能够帮助我们快速地站立起来。

保险，有保障的理财选择

保险不是投资，也不是储蓄，
而是我们生活中一种相对有保障的理财方式。

女人天生细腻的感情和思维决定了她们考虑事情更全面更细节。保险是一个综合性很强的理财工具，保险对于现代社会的新女性来说，是不可或缺的未来护照。随着现代社会个人前途的不确定性和各种风险的存在，买保险无疑是一种相对有保障的理财选择。

新世纪的女性有着不亚于男人的事业心和工作能力，她们在职场上可以叱咤风云，回家后家务照样做得有条不紊。能力和效率在她们身上越来越凸显。独立、自立、聪敏是她们的新特点，她们可以不用像过去的女性一样依赖男性，只懂相夫教子，她们有自己的见解，包括职业规划和投资理财，而投资理财中，女性更看重保险所带来的理财与保障的双重作用。纵观不同性格的女人，她们爱上保险的理由也多种多样。

第一大理由：保险是可以依靠的"男人"。在许多发达国家的女人眼里，保险最让人放心，也最让人相信，是一位从来不会背叛的情人，即使遇到再大的风雨和磨难，保险也不会离她远去。

据统计，在英国约20%的新婚夫妇投爱情保险，60%的人把爱情保险作为家庭理财的首选。随着社会的国际化，发达国家的理念也会越来越快地流入中国，各种爱情保险在我国的保险市场上已有良好的发展之势。

第二大理由：保险是陪伴你终生的朋友。研究发现，女人往往寿命更长。当你年老体弱，丈夫比你更早结束生命时，陪伴你左右的，只有保险，它一直陪你到终老。

第三大理由：提高身份的资本。一旦因意外改变生活的时候，拥有保险的女人会更加从容应对。保险赋予你的是更多的选择和主动性，拥有保险的女人更是女性能力和地位提升的体现。

第四大理由：保险使家庭生活更有保证。投保爱情险，夫妻拥有共同的终身寿险保障，以后无论哪一方发生意外，都能利用保险利益帮助另一方分担教育子女，赡养老人的家庭责任。

第五大理由：保险是女人智慧的象征。有的女人选老公，要求有房有车；有的女人选老公，要求有存款有不动产。道理其实都一样，就是为了一种日后的保障。如果男人暂时无房无车无存款，那么就选择一个拥有保险的男人吧，这也不失女人的智慧。

保险降低理财风险

每个人都感受到前途的不确定性和各种风险的存在，
保险成为现代人不可少的选择。

曾经有一个保险小故事，说的是一个失事海船的船长是如何说服几位不同国籍的乘客抱着救生圈跳入海中的。他对英国人说这是一项体育运动；对法国人说这很浪漫；对德国人说这是命令；对美国人则保证：你已经被保险了。

正如故事中所讲的，保险在美国，不管是国家元首、明星巨贾，还是平民百姓，是人们生活中不可缺少的一环，像饮食、居住一样，是生存中必要的一部分。人寿、医药、房屋、汽车、游船、家具等都有保险，它们像一条条木栅，连成一个整，环在你周围。

从经济的角度看，保险是分摊意外事故损失的一种财务安排，通过保险将少数不幸的被保险人的损失由包括受损者在内的所有被保险人分摊；从社会的角度看，保险是社会经济保障制度的重要组成部分，是社会生产和社会生活"精巧的稳定器"；从风险管理角度看，保险是风险管理的一种方法，起到分散风险、消化损失的作用。

一位著名学者谈及保险时曾经这样说过："保险的意义，只是今日做明日的准备，生时做死时的准备，父母做儿女的准备，儿女幼小时做儿女长大时的准备，如此而已。今天预备明天，这是真稳健；生时预备死时，这是真豁达；父母预备儿女，这是真慈爱。能做到这三步的人，才能算作是现代人。"

保险是理财，不是投资。我们经常看到人们在计算现在买的保险分红是多少、将来可以赚多少钱。其实保障是有成本的，拿钱来买保险比把钱放到任何投资渠道的回报来得都要低。要想投资赚钱就不要买保险，买保险赚钱的可能只有一个，就是在交费过程中发生风险。换句话说，保险是不可以算的，能算得出来的都不叫保险。

保险是理财，不是储蓄。许多人买保险，都与银行储蓄做比较。你把钱放到保险公司和存到银行所起作用是不一样的，存在银行你拿到的是利息，而保险公司给你的是保障。储蓄是存几万元钱得到几百元的利息，而保险是存几百元钱却能得到几万元的保障。如果我们把储蓄得到的几百元的利息拿出来再投资到保险上，那我们的资金岂不是保值、增值了几十倍。

保险永远没有最好的，只有适合自己的。选择保险时要遵循以下原则。

1. 量力而行：购买保险的投入必须与家庭的经济状况相适应

要根据家庭现在的收入水平，预估未来的收入能力，并计算收支结余。只有这样，才能确保您的保险不会出现无力支付而遭受损失，也不会出现保险投资比率不足的情况。

2. 按需选择：根据家庭所面临的风险种类选择相应险种

现在针对家庭与个人的商业险种非常之多，并不适应每个客户。例如，家庭中男主人是主要收入者，且从事危险程度较高的工作，如高空作业，则此家庭的首要保险可能就是男主人的生命和身体的保险。

3. 优先有序：重视高额损失，自留低额损失

确定保险需求的首要考虑是风险损害程度，其次是发生频率。损害大、频率高的损害优先考虑保险。对一些较小的损失，家庭能承受得了的，一般不用投保。实际上保险一般都有一个免赔额，低于免赔额的损失保险公司是不会赔偿的，所以，需放弃低于免赔额的保险。

4. 合理组合：把保险项目进行合理组合，并注意利用附加险

许多保种除了主险外，都带了各种附加险。当您购买了主险后，如果有需要，可顺便购买其附加险。这样的好处是：其一，避免重复购买多项保险；其二，附加险的保费相对单独保险的保费一般较低，可节省保费。所以，综合考虑各保险项目的合理组合，既可得到全面保障，又可有效利用资金。

女性保险：为女性提供特别保护

做好保险规划，是现代女性爱护自己的必修课。

女性在保险规划中除了常规的险种之外，一些"女性保险"险种针对女性面对的风险特点，提供了一些特别保障。

现代婚姻逐渐摆脱传统观念的禁锢，越来越"来去自由"的同时，

也降低了稳定性，更有一些女性选择了独身、丁克等和传统家庭完全不同的生活方式，这都增加了需要女性单独面对的风险。虽然风险加大，但兵来将挡、水来土掩，只要做好准备，这些风险也完全可以在掌握之中。只要建立起完善的保险计划，就等于有了一道人生"防火墙"，可以将这些风险一一化解。做好保险规划，也是现代女性爱护自己的必修课。

有统计资料显示，女性的平均寿命比男性长 5 岁至 8 岁，更长的生命时间也意味着在养老和医疗方面有更多的风险。女性容易面临一些女性特有疾病的困扰。例如在生育期容易发生的疾病，因为求美整容而发生的风险，等等，还有，乳腺癌等重大妇科疾病已呈现出发病率提高、发病时间提前的趋势。由于生理和体质上的原因，女性的平均医疗费用支出要比男性高。

女性在保险规划中除了常规的险种之外，一些"女性保险"险种针对女性面对的风险特点，提供了一些特别保障。不仅更有针对性，而且去掉了一些并不适用于女性的保险功能，降低了保费。在交费方式、交费标准等方面也更灵活多样，女性可以根据自己的经济状况自主选择。

目前国内推出的女性保险主要有三大类。

第一类是对女性为了美而做的付出进行赔付的保险；

第二类是对于女性特殊时期保障费用的赔付，以及针对女性易患疾病的保险；

第三类则是在人身保障的基础上，还可以参加保险公司的分红、分享保险公司的利润盈余的产品。

女性保险号称专为女性设计，量身定做，但是要找到适合自己的险种还有一些问题需要注意。首先，投保人必须对自身状况很了解，清楚自己需要什么类型的保险；其次，保险是一项长期的投资，投保人必须对未来的财务状况有全面的考虑；另外，在合适的范围内选择产品时，还要对具体的险种和保险公司加以全面的衡量。

1. 单身女贵族

年轻的单身女性，往往更关心的是进修、旅游或筹措结婚经费，由于此间收入少且不稳定，应多以保障自己为前提，可重点规划保费较低的纯保障型寿险附加住院医疗、防癌险等健康险以及意外险。

2. 小家庭的女主人

已婚职业女性通常有了较固定的工作收入，对于生活也有了更长远的规划和期待值。此时，女士们一定要结合另一半的经济和收益情况，仔细考虑购买的险种。不妨从健康医疗、家庭经济与子女教育、退休养老三方面的费用来考虑。

大部分职业女性已经有了公众的医疗保险，可以购买一些意外险作为补充，或投保女性健康保险。对于婚姻稳定期的女性来说，妇科重大疾病的发生风险加大，这个阶段的女性可购买专门的女性终身寿险和女性两全险。另外对于希望生小宝宝的女性，可以考虑购买包含了妊娠期疾病险和新生婴儿险的产品，不过已育的女性在购买保险时可将这项排除。

在以家庭作为保险规划主体时，别忽略女性仍应自行投保，而不要只是附加在先生的保单上，以免日后婚姻生变化时影响自身的权益。目前市场上的女性险产品都是以主险形式出现，注重理财的女性有必要为未来的幸福投一份独立的女性保险。有理财头脑的女性可在此基础上选择具有理财功能的保险品种，以达到理财和疾病、意外、养老等综合功能，购买时，还可以根据保险公司的盈利状况，享受到分红。

3. 走出围城的单亲妈妈

重新过起单身生活的妈妈们又要在保险上特别注意什么呢？由于单亲妈妈的经济负担可能较双亲家庭重，所以应重点考虑孩子的医疗保险，特别是少儿重大疾病保险方面的支出。另外也要加强教育保险，这样不仅可以按一定比例给付孩子各时期的教育金，甚至在投保人遭受意外身故时，仍然能保证子女的教育费用来源。

医疗保险：解决看病难

医疗保险可以在适当的时候，
为我们提供所需要的医疗照顾及经济救援。

现代女性都身兼数职，每天忙忙碌碌，关心呵护着家人，但却忘了要保护自己。时尚女性应该给自己一些特殊保护，在一般的医疗险之外，女性朋友可以运用专门针对女性所设计的女性险，来增加自己的医疗保障。

如果你是位单身女性，也许有一天会卧病在床，需要一间舒适的单人病房好好养病。目前一般医疗机构所提供的普通病房多为3~4人房，通常不利于病人安静休养，而且人一多，交叉感染的机会就比较大，探病的亲人一多，也很嘈杂。如果考虑住双人房或单人房，与普通房的价差就必须自行负担或由商业医疗险来支付；如果你没有亲密的家人可以照顾自己，你可能还需要聘请看护来帮助自己早日恢复元气，但12小时一班的看护，费用也不小，以平均住院10天计算，光是看护费用也是一笔不小的费用，若是长期看护，费用将更为惊人。如果你结了婚，想省些看护费，可是先生也需要上班工作，他不能请太多天的假，若是又有孩子需要照顾，人力调度上就会出问题。若是你没有办法付看护费，又没有家人来照顾，你可能就需要自己拖着点滴瓶，辛苦挣扎着下床去照X光、上厕所。

为了满足医疗的需求，女性朋友可以考虑购买的保险产品有：癌症险、住院医疗险及意外险等。女性考虑自身的医疗保障时，千万不可以忽略癌症险的规划，因为乳腺癌和宫颈癌总是高居女性癌症死因的前两位，乳腺癌更是25~44岁中青年女性的头号杀手。选择癌症险，应注意保障范围是否符合现代癌症治疗需求，除基本癌症门诊、住院、手术费用，放射线治疗与化学治疗保险金给付，及癌症末期安宁照顾保险金都是考虑重点，购买一份完善的防癌险，可以为自己的健康把好关。

另外，经常旅行的你，有没有给自己加保意外医疗险呢？一些专为女性设计的意外险保单，让你出门时不用过分担心发生意外。有些女性意外险，还会给你携带物品损失的保险金，甚至连雨季到来，下雨路滑不小心骑车跌伤，也会给你颜面伤害慰问金，每天数千元。尤其爱美的女性，更需提高保障金额，当不幸发生后，可以获得最好的医疗照顾，恢复容貌。

女性险的另一项特点，则是特别针对已经怀孕的女性及胎儿所设计的"妇婴险"。有些妇婴险除了提供怀孕期及女性特殊疾病的保险给付，腹中胎儿也可以一直享有保障到7岁；一旦发现婴幼儿罹患先天性残缺，保险公司便会支付一笔保险金，以作为医疗费用。妇婴险除了医疗费用给付之外，多半还具有寿险及储蓄险之功能，正好让准妈妈们以此提高生活保障，给孩子更安定的生活。

人寿保险：找人为意外埋单

生命是无常的，年轻人也要为自己准备一份人寿保险。

一个人，从出生来到这个世界，最害怕的就是要面临以下两大问题，一是"走"得太早，二是中途遭波折。然而，遗憾的是，没有人能避免这种情形的发生。如何解决这两大问题，不得不引起我们的深思。

一怕"走"得太早。时代的变迁，科技的不断发展，社会的不断繁荣，随之而来的是疾病、意外、交通灾难等发生频率逐年递增。离开这个世界太早不仅仅会给亲人带来心灵的伤痛，而且会给家庭的生活带来长时间的经济困难。

二怕中途遭波折。人食五谷杂粮，难免会生病，而且随着化工科技、生物科技的发展，环境污染现象日益严重，一些不知名的、新命名的古怪疾病愈来愈多。对于大部分普通家庭来讲，家人生小病还好，生大病怎么办？

如果我们有足够的医疗费用，以当今的医学科技，大多能将病人的疾病治愈。就医疗费用的准备方式来讲，有两种"保险"方式，一种是自己给自己"保险"，生病了由自己支付，一种是让保险公司给自己保险，生病了由保险公司支付；由自己支付是最贵的"保险"，而由保险公司支付却是最便宜的"保险"。保险公司是为投保人或被保险人转嫁经济风险的保险保障机构，我国各家人寿保险公司就医疗方面推出了重大疾病保险、意外或疾病门诊医疗保险、意外或疾病住院医疗保险等险种，被保险人只需交纳少量的保险费，就能拥有保险公司提供的医疗费、护理费等各项大额甚至巨额开支。

保险就是平安时为意外所做的准备、年轻时为年老时所做的准备、健康时为生病时所做的准备。

为财产投保，合适最重要

保险虽然是一种相对稳定的理财方式，
但是我们要学会选择适合我们的保险。

说到理财，大家首先想到的就是投资回报率，大家都盼望本人的理财产品可能取得高的投资收益，所以当今很多的老百姓都对高收益产品满怀信心。现在越来越多的老百姓开始关注平安理财和持重理财。家庭理财中资金的保险性是投资时首先斟酌的问题，解决这个问题最好的道路之一就是通过理财型的保险进行家庭理财。但这并不是说只要是保险，我们都来者不拒，在应用保险产品进行投资理财时要留神以下几个方面。

1. 选择一家合适的公司

选择一家靠谱的保险公司，这无疑是人们在做保险理财时首要斟酌的问题。我们应该向保险代理人了解他所服务的公司的各种业务种类，和各类业务的收益,通过对公司和业务员的深度了解来挑选一家合适的保险公司。

2. 选择适合的产品

在日益泛滥的保险理财产品中最为保险和持重的是分红保险。分红随着本钱的变动而变动,能够辅助家庭有效地躲避通货收缩。从监管上看,保监会对可调配亏损的相干规定,让客户分享到保险公司的投资收益。

3. 实事求是选择保险

谈到购置理财型保险并不代表人人都合适购买,分红保险合适的人群是有稳固的支出起源、短期没有大批收入打算的人士。保险公司的资金投资在保监会的监管下主要集中在银行协定贷款、国债、企业债以及基金等方面,对于近期有需要的人来讲,不能通过保持投资和长期投资取得更好的投资好处,同时,购买分红保险也要实事求是。

为孩子投保,小投资大保障

家长开始重视孩子的成长教育问题,
为孩子投保的问题也逐渐引起家庭的重视。

孩子是父母生命的延续,在孩子的成长过程中,有很多难以预料的事会发生,比如意外人身伤害、重大疾病等,因此,把孩子也考虑进保险规划是必要的。这不仅可以减轻意外压力,降低医疗负担,还可以储备教育基金。

1. 减轻意外压力

据有关部门对全国11个城市4万多名少年儿童进行的调查显示,我国每年有20%~40%的儿童因意外伤害身故、残疾或进行医学治疗。儿童意外伤害,已成为当今最严重的社会、经济、医疗问题之一。孩子生性好动,也不知什么是危险,因此,给孩子投保意外保险是很有必要的。这一类的保险一般是消费型的,价格都不贵,一年仅需要几百元。

2. 降低医疗负担

目前,重大疾病有年轻化、低龄化的趋向,重大疾病的高额医疗费用已经成为一些家庭的沉重负担。利用保险分担孩子的医疗费支出就成为投保儿童保险所要考虑的重要因素。重大疾病险投保年龄越小保费越便宜，如中国人寿保险的"康宁定期重大疾病保险""国寿住院医疗费用补偿保险（2007）"。以 0 岁女孩子为例，购买"康宁定期重大疾病保险"，缴费至 20 周岁，年缴费仅 900 元就可买到 10 万元重疾、高残、身故三重保障，保障到 70 周岁，70 周岁还本。

3. 储备教育基金

在上海，有人算了一笔账，从孩子出生到大学毕业参加工作大约需要 48 万元与学习相关的费用，这还排除了其他诸如学钢琴、绘画、球类、辅导班等艺术门类的费用和孩子的生活费以及物价增长的因素，不妨选择那些保额逐年递增或者有分红的保险品种来抵消一些基本的通货膨胀还兼有投资的作用。

既然把孩子考虑进保险计划，我们就应该科学地为孩子投保。下面介绍一些给孩子投保的窍门。

1. 遵守"先近后远，先急后缓"的原则

少儿期易发的风险应先投保，离少儿较远的风险就后投保。没必要一次性买全了，因为保险也是一种消费，它也会根据具体情况而发生变化。

2. 缴费期不必太长

可以集中在孩子未成年之前，在他长大成人之后，可选择自己合适的险种为自己投保，但是保障期可相对较长。

3. 如果孩子已经上学，在学校已经购买了学平险，注意及时交费

毕竟学平险是团体险，保费低保障高。还可以结合自己购买的险种为孩子提供全面的成长保障。

4. 先保大人后保小孩

在保险方面优先为孩子投保，反而忽略了大人本身，这是最严重的误区。大人是家庭的经济支柱，也是孩子最好的"保护伞"。如果只给孩子买保险，大人自己却不买，那么大人发生意外时，这个家庭很可能会因此陷入困境。

5. 先重保障后重教育

很多父母花大量资金为孩子购买教育金保险，却不购买或疏于购买意外保险和医疗保险，这将保险的功能本末倒置了。孩子遭受意外伤害的概率相对较高，头疼脑热、生病住院的概率也要比成人高很多。因此，保险专家建议为孩子购买保险时的顺序应当是：意外险、医疗险、少儿重大疾病保险。在这些保险都齐全的基础之上，再考虑购买教育金保险。

6. 保险期限不宜太长

对于很多资金不是特别宽裕的家庭来说，尤其是在大人自己的养老金尚没有储备足够的情况下，考虑孩子的养老问题确实无甚必要。因此，为孩子买保险时，保险期限应以到其大学毕业的年龄为宜，之后就应当由他自食其力了。

7. 保额不要超限

为孩子投保以死亡为赔偿条件的保险（如定期寿险、意外险），累计保额不要超过10万元，因为超过的部分即便付了保费也无效。这是中国保监会为防范道德风险所做的硬性规定。有少数代理人为了多挣佣金，即便客户投保的金额超过了这一限额，也不加提示。因此，在为孩子投保商业保险前,客户一定要先弄清楚,已经有了哪些保障,还有多少缺口需要由商业保险弥补。

8. 购买豁免附加险

需要注意的是,在购买主险时,应同时购买豁免保费附加险。这样一来,万一父母因某些原因无力继续缴纳保费时,对孩子的保障也继续有效。

为家庭投保,提前合理规划

主动做好家庭风险管理有助于家庭的稳定,
需要我们做好家人保险计划。

现代社会,风险因素越来越多,风险事故带来的损失越来越大,发生风险事故的概率越来越高,因此,主动做好家庭风险管理,对于家庭的稳定具有十分重要的意义。我们在做好家人保险计划时,要考虑到家庭保险规划的原则和家庭保险金额的计算。

1. 家庭保险规划的基本原则

(1)应该将家庭所有成员视为一个整体来考虑。家庭成员互相之间都承担有一定的家庭责任,因此,我们在规划保险时应该把所有的家庭成员视为一个整体,这样才能更好地体现家庭成员之间相互的责任与爱，规划出最适合自己家庭情况的保险计划。例如，刚出来参加工作的人认为自己不需要购买保险，因为钱比较少，更主要的是认为自己反正就一个人，没有什么责任。其实这样是不对的，作为家庭的一员，应该要赡养父母以及其他家庭成员，如果没有保障，万一有什么事情，谁来完成我们肩负的责任呢？

（2）遵循"家庭无法承担的风险先保，对家庭财务影响大的风险先保"的原则。风险管理的目的是"用最小的经济成本获得最大的经济保障"，家庭风险管理规划要求我们对家庭风险进行分析，找出可能对家庭造成严重影响的风险因素，优先制定合理的风险管理规划来规避风险。

（3）家庭人寿保险规划的基本原则。家庭人身保险的规划，应该遵循以下最基本的原则：先大人后小孩，先家庭支柱人员后其他人员，先保障型后投资型。越早规划越好，遵循循序渐进的原则，保费要量力而行，有消费贷款的家庭一定要有充足的保险保障，通过保险组合来规避风险，充分利用保费豁免功能规避风险。

2. 家庭保险金额的计算

保险金额是保险公司和投保人双方商议在保险合同上载明的保险标的金额。它是保险公司所承担的损失赔偿或给付的最高限额，同时，它也是保险费计算的依据。财产保险的保险金额不能超过本身的价值，保险公司对于超额保险不予赔付。人是无价的，因此，人身保险的保险金额是没有限制的，但对于高额保单，各家保险公司有不同的特殊审核标准。

人身风险主要来自意外和疾病，由此可能导致的损失为：治疗花费的医疗费用；部分能力丧失而导致的收入损失，完全能力丧失或死亡导致的收入损失。对于医疗费用保险金额的规划，我们可以根据当时的医疗费用情况以及未来的增加趋势来进行预估；对于收入的损失，一般采取生命价值法来计算，即预期未来收入的现值就是保险金额。

个人的保险规划需要与家庭结合起来考虑，这样，个人保险额度的规划就不再是个人的需求了，而是要考虑个人在整个家庭的贡献了。因此，保险金额一般采取"需求法"或者"资本保留法"等，需求法是分析不同家庭一旦家庭主要支柱者死亡的财务需求，并转化为保险金额。资本保留法是指一旦家庭成员发生风险收入受到损失，则用获得的保险金来投资，用投资获得的收入来替代损失的收入。这个保险金就是资本需求额，也就是保险金额。

影响保险金额的确定的因素很多，家庭不同时期，存在的风险也不一样，在实际工作中，保险理财规划师一般会考虑到以下因素：配偶的生活和养老费用，未成年子女的生活费用、配偶和子女的教育费用，消费贷款及其他债务，紧急用款和最后费用等方面。同时还需要考虑家庭现有资产情况，另外，还需要考虑财产传承、税收规划等方面的问题，因此，保额的确定非常复杂。理财规划师根据客户的情况计算出来的保险金额，在实际操作中，并不意味着一定要按照其执行，客户可以根据自身的经济能力和需求逐步实施；同时，客户境况发生变化时，也应该和理财规划师保持积极的沟通，随时调整保险额度。

保险费的预算原则上是根据保险金额来进行的，但在实际工作中，由于人身保险一般采取多年连续缴费的方式，保险规划师还需要考虑客户的未来收入情况，以确保客户的长期缴费能力，以便维护客户的利益。根据长期的实践经验总结，一般年缴保险费不超过年收入节余的10%~20%，不会对客户生活造成压力，具体费用客户可以根据自身情况来进行调整。

不同生命阶段，不同保险计划

在不同的生命阶段，我们应该根据生命周期的特点，

采取有效的保险投资策略。

每个人在不同年龄阶段的财务状况、现在和未来的现金需求是不同的，因此对资产收益率的要求和风险偏好特征也会随之而不同。一个人从进入社会有自立能力开始一直到年老身故，从财务的角度看大致会经历四个阶段，而这四个阶段的投资策略是不同的。下面我们来具体说明这四个阶段及其投资策略和保险规划。

1. 积累阶段

基本情况大致是年轻人，初入社会，工作时间不长，单身或者刚刚组建家庭，年龄大致在25～35岁之间。

财务状况大致为：工资不高，积蓄不多，但各种家庭负担（如子女教育、房贷、汽车开销，等等）不多。

生命周期所处阶段：年轻，生命周期还很长。

承担风险的能力：在自己的生命周期中处于最能够承担风险的时期（无论他愿不愿意承担风险）。

对资产收益率的要求：对投资收益率的要求处于最高的阶段。

投资策略：处于这个阶段的投资策略应该是主动投资一些较高风险

的投资产品（如股票基金），投资比例可以达到个人资产的65%以上。

保险策略：主要是规避因发生意外或重病而造成财富的大幅度损失，在财务允许的前提下，适当考虑投资类险种。

2. 巩固阶段

基本情况大致是，逐渐步入中年，工作时间较长，一般均组建家庭并有子女，很多是单位的骨干，年收入在社会上处于中等以上水平，年龄大致在35~50岁之间。

财务状况大致为：工资较高，有了一定的积蓄甚至较多的财富，对生活品质的要求提高，但还未达到累积财富的最高峰，同时各种家庭负担（如子女教育、房贷、汽车开销，等等）也随之增加。

生命周期所处阶段：处于生命周期的中期。

承担风险的能力：有较强的承担风险的能力。

对资产收益率的要求：与第一阶段相比有所下降，但对投资收益率的要求仍相应较高。

投资策略：处于这个阶段的投资策略应该是主动投资高风险投资产品（如股票基金）的比例可以适当降低，大致在资产的50%~65%之间。

保险策略：由于家庭负担增加，因此意外或重病的保额应该增加，同时加大投资类险种如万能险和投连险或养老金的保险比例，开始为退休后保持自己所要求的生活品质做准备。

3. 消费阶段

基本情况大致是，逐渐接近退休年龄，子女大多成人，年龄大致在50岁至退休之间。

财务状况大致为：财富累积基本达到一生的最高峰，各种家庭负担比第二阶段有所减少。

生命周期所处阶段：过了生命周期的中期。

承担风险的能力：承担风险的能力和意愿明显下降。

对资产收益率的要求：对投资收益率的要求相应下降，注重稳定收益。

投资策略：处于这个阶段的投资策略应该是主动降低高风险投资产品（如股票基金、期货等）的投资比例，应控制在家庭资产的50%以下。

保险策略：为今后退休养老做准备，各种来源的养老金总收入至少维持已有的生活品质。

4. 馈赠阶段

基本情况大致是，已经退休，子女大多有自己的家庭。

财务状况大致为：财富累积的增速明显下降，或为零，家庭负担主要是维持自己或家庭生活水平的现金需求。

生命周期所处阶段：生命周期的末期。

承担风险的能力：承担风险的能力和意愿到了生命中的最低水平。

对资产收益率的要求：投资收益率只要能满足每月或每年的生活所需现金需求即可。

投资策略：以低风险低收益。

保险策略：主要是享用前三个阶段保险投资的利益，养老金收入可以保证已有的生活品质而不发生财务危机。

通过以上生命周期四个阶段的分析，我们可以清楚地看到每个人在不同的生命阶段由于其年龄、财富和家庭状况的不同，他的风险收益特征是不同的，因此他的投资策略以及保险保障的重点也将随之发生变化。每一个阶段都需要通过财务规划来合理地配置个人或家庭的资产，而这种财务规划是一种长期的理性的既考虑风险又考虑收益的投资行为。美国证券之父格雷厄姆说过:"投资是指根据详尽的分析,本金安全和有满意回报做保证的操作,不符合这一标准的操作就是投机。"因此,我们必须对资本市场的主要产品如股票、债券、基金的风险收益特征做一个科学的分析,才能做好资产配置,才能认识到保险在财务规划中不可替代的作用。

避免陷入投保误区

> 投保时首先要避免陷入投保误区,
> 其次还要注意险种或产品的选择,
> 再者,投保时要注意搭配购买。

女性虽然会选择保险这种稳妥的理财方式,但女性却在买保险上存在着误区,因此女性要注意以下的保险误区,以免自己不小心走入投保误区。

误区1:忽视关爱自己。
女性投保,往往会优先考虑家庭、孩子、丈夫,而忽略了自己。现代社会女性同样是家庭生活的主要经济或精神支柱,关爱自己、为自身的健康做好保障同样重要。

误区 2：选择保险产品不平衡。

现代女性，特别是职业女性，在选择保险产品时，应从意外、医疗、定期寿险等方面进行全方位考虑。建议先参看自己的社保和已投保的险种，避免重复购买或出现保障真空。

误区 3：一味选择周期长的产品。

投保前最好能对自己未来五年内的经济状况有清醒的把握，一味选择周期长的保险产品，而不顾及自己将来可能出现的健康或经济上的变化，这并不是安全做法。建议可将一些健康类保险的交费期定在 20 年左右，而对于理财类保险，则可以把交费期定得短一些。

最后，需要注意的是，目前市场上很多女性保险往往含有投资理财的功能。就女性保险而言，保障是根本，购买时应尽量优先满足保障需求。

目前，市面上的女性险差异较大，买不同的产品，一样的保额，等到实际使用的时候，能够真正享受到的医疗保险金却可能大不相同。因此，女性朋友们投保时还要多个心眼儿，留意计算一下有效保额，把钱用在"刀刃"上。

1. 选险种：女性险比普通疾病险便宜

根据科学论证，70% 以上的已婚女性都有不同程度的妇科疾病，而且，专门针对妇科疾病的女性疾病保险通常比普通的重大疾病保险便宜，因此，女性在针对重大疾病挑选保险时，应首选女性险，以便在同样的保费预算下，获得针对性更强、更有效的保障。

以同一间保险公司的一款重大疾病保险 A 产品和一款女性疾病保险 B 产品为例，一位 25 岁的女性投保 10 万元保额，两者同样是保障到70岁，分20年缴费，A产品每年需要交纳保费1700元，20年共需交保费3.4万元，而B产品每年需要交纳的保费为1500元，20年只需交保费3万元。

2. 搭配购买更加经济有效

通常来说，女性投保疾病保险，保额选择在10万元左右是比较保守的建议。对于二三十岁的女性来说，20年"分期付款"，每年2000元左右就可以购买一份女性保险。

各大医院治疗费用统计显示，近年来，妇科疾病的治疗费用一直呈现增长态势。一般妇科癌症治疗费用为8万~20万元，系统性红斑狼疮、严重类风湿性关节炎的治疗费用分别在5万~15万元、3万~10万元之间。

与单独投保普通重大疾病保险相比，从一些角度来看，将两者搭配购买也比较经济。如以身故保障来看，25岁的女性投保20万元保额的上述普通重大疾病保险A产品，或投保10万元A产品搭配10万元女性疾病保险B产品，同样可以享受70岁前20万元的身故保障，但单独投保A产品就需多交4000元保费。

因此，对于预算比较宽裕的女性，还应在投保女性疾病保险之外，投保普通的重大疾病保险。将两种险种搭配购买，疾病保障范围可以更全面：以女性疾病保险应对发病率较高的妇科疾病，以普通的重大疾病保险应对心脏病、脑中风等常见的重大疾病风险。

3. 挑产品：同为女性险，差异也很大

一个产品是总共6万元的保费换得17万元的医疗保障，一个产品是总共8万元的保费获得34万元的医疗保险金！投保一样的保额，等到实际使用的时候，能够真正享受到的医疗保险金却大不相同！

小王发现，按照自己原本打算投保的女性险B产品，投保20万保额，患癌症可赔付基本保额的40%即8万元的医疗保险金，患有系统性红斑狼疮可获得基本保额的20%即4万元的赔付，接受指定手术、患骨质疏松症分别可获得5%即1万元的赔付，怀孕期疾病医疗保险金单项最多可拿到20%即4万元的赔付。一共算下来，在医疗方面的保障，大概能拿到85%，约17万元。

如果是投保朋友推荐的另一款女性险C产品，却能够拿到170%的保额，即34万元针对女性重大疾病的赔付。7种女性重大疾病保险金按100%保额给付20万元；女性原位癌保险金按15%的保额给付3万；特定骨折保险金按25%的保额5万元给付、面部整形手术保险金按10%的保额给付2万元。

因此，在各类疾病保险中，投保女性险尤其不能只考虑投保多少保额，而应算下针对每种疾病的有效保额，这才是理赔时能实实在在拿到的赔偿款。

投保索赔：如何告别索赔难

投保容易索赔难，难在"霸王行为"。

收走原始材料不退还，收资料不打收条，盲目签收据以及一些保险禁忌语言的使用等，都可能影响你的保险索赔效果，这些是保险索赔中的禁忌。

投保容易索赔难，难在"霸王行为"。因此我们要注意保险消费中的常见陷阱，以保护自己的权益。

陷阱1. 收走原始资料不退还

索赔要资料本来很合理，但保险公司将原始资料收走，有时拒赔也不退还。一旦产生争议，消费者起诉也无法提供有效的证据。应该只需与原件核对后留下复印件即可。因此我们在没达成满意结果前，尽量保留原始证据，如遭拒赔，要索回原始资料。

陷阱2. 收资料不打收条

保险公司收走索赔资料后一般都没收条，即使有，也不盖公章。一旦资料丢失或保险公司不承认收过资料，消费者将面临无法证明的危险。

对策：无论将资料交给谁，都要求打收条，最好要求加盖保险公司公章，即使当场不行，事后也要补办。如果电话报案遭到保险公司接线员拒赔，应坚持要求他办理立案登记，并留下已及时报案的凭证。

陷阱 3. 签了收据：放弃继续索赔

有时，我们以为只是签字确认收到赔款，却无意中已"被"承诺放弃进一步索赔的权利。保险公司的赔款收据当中，普遍包含了放弃进一步索赔的条款。

对策：假如不是很满意赔偿，领赔款要注意保险公司的收条上是否有案件赔偿责任已终结的条款，如果有，就与保险公司交涉，请其将以上条文去掉，以保留进一步索赔的权益。

陷阱 4. 保险索赔中的禁忌用语

（1）"我认为……"。

永远不要在索赔声明中提到这个词。如果不能肯定，不要猜想。律师认为这种说法导致索赔被推迟或被取消。如果有任何差错，都会影响信誉：比如车祸之前，你报告开车速度每小时30英里，警方证明50英里。

尤其要警惕猜测性指责或原因。如果你认为房屋漏水是建筑缺陷，而保险条款不包括这一项，保险公司因此可以不赔。

因此如果保险公司代表问你不知道的问题，干脆回答"不知道"。如果对方记录或录音，要一份文字稿看有没有误用你的说法。

（2）"地下室遭水淹"。

在房屋保险索赔中，"水淹"是个不可触碰的"红旗"。水淹指的是气候或者附近的水溢流，而标准的房屋保险不包括这一项，如果房屋遭遇这类意外，想取得保险的前提是你当初为房屋专门投保了淹水保险。

如果你的房屋因为水管爆裂，地下室进了膝盖深的大水，也不要用"水淹"这个词。水管爆裂损失应当在房屋保险范围之内，但如果说是"水淹"，就让对方有了借口。

第六章
收藏：兼顾艺术与财富的投资

俗话说得好：盛世兴收藏。投资艺术品收藏是艺术与理财兼顾的行为，我们可以把自己的收藏转化为实在的价值。但作为艺术品投资者，尤需理智，绝不能盲目地人云亦云，或率性而为。这就需要我们了解收藏品的价格决定因素，进而选准时机再收藏。在此，我们介绍了时下常见的一些收藏品，如书画、古玩古董、邮票、金银珠宝等的收藏与投资技巧。

收藏品投资，从爱好变成理财

收藏对于一些人来说，就是一项赚钱的行当，
"以藏养藏"这种说法已经屡见不鲜了。

收藏品投资，也是投资，投资就要获利，如果无利可获那就是失败。另外，藏品投资是一个投资人必须耐得住性子的投资。世界公认的艺术藏品获利周期是7~10年转手获利。毫无疑问，藏品投资是一种长远投资。此外，根据中国艺术品收藏刚刚起步和世人对艺术品的实际投资的情况，以及远景发展并不甚明了的现实，如抓准时机，也可能出现投资时间很短就有收益的情况。

随着人们生活水平的提高，民间收藏人士现已遍及社会各阶层，收藏品更是包罗万象。将自己收藏的珍品卖出去，赚的钱又去买其他贵重的东西，这样既赚了钱，又得了好东西，正所谓一举两得。收藏经济在中国发展得很快，最初是一些公司或有大资本的人收藏销售藏品，到现在是很多敢于冒险的收藏者或小商人凭着自己对藏品的了解和对商机的把握，逐步开拓了自己的藏品市场。

现在的收藏门类千奇百怪，无所不有，过去以花瓶、玉器、字画、珠宝等为主的收藏已经不能概括如今的收藏种类。大到汽车，小到纽扣，民间收藏的内容越来越丰富。如今的收藏不再局限于"老、旧、古"了，藏品也越来越新奇，物品只要能代表某个有重大意义的事件就有收藏价值，就有人收藏。比如，"神舟六号"刚刚成功着陆，一系列有关"神六"的邮票和纪念币、海报纷纷出台，很多人就不惜为之一掷千金，就是因为它在中国历史甚至世界历史都会永远留名，跟它有关的东西也相应具有了很高的价值。与之相对应的是，第二次世界大战时士兵使用的 Zippo 打火机就是一个经典版本。

时尚品的收藏也搞得如火如荼。时尚已经成为现代年轻人的生活主题，时尚品收藏者的队伍也在不断扩大，收藏种类也日趋丰富，比如可乐瓶收藏、车模与航模收藏、明星二手用品收藏、打火机收藏、葡萄酒收藏、卡通物品收藏，等等。这些收藏品有一个共同点，都是某个时期时尚流行的"焦点"。很多当红明星穿过的衣物、用过的物品都被专人收藏起来，开店售卖。

另外，传统收藏品也有突破，连环画、旧海报、旧报纸也赢得了一定的收藏空间。

一套 20 世纪 50 年代出版的连环画《三国演义》，原主人当时仅以几毛钱的价格买来，转眼几十年过去就能卖到上百元。这就是传统收藏品的魅力。虽然它的价值仍比名人字画、古董等藏品小，但它的升值空间还是很大的。

酒类收藏在外国以葡萄酒收藏为主。葡萄酒过去是代表贵族身份的酒品，现在也是上流人士家居、酒会必不可少的佳品。葡萄酒收藏在国外早已是收藏市场中的重要组成部分。因为酿制一瓶好的葡萄酒需要很多工序和岁月，所以不少国外著名收藏家均以能收藏几瓶年代悠久的红酒为荣。珍藏纪念酒更受关注，价格极其昂贵，收藏价值非常高。在国内，有些收藏家也想方设法收藏葡萄酒，但因为地域和认识的问题，最后往往事倍功半。中国有着几千年的白酒酿造历史和悠久的酒文化，随着生活水平的提高，越来越多的人开始注意到白酒同样有很大的收藏价值，慢慢加入到白酒收藏行列中来。

电影海报最初在中国也只是民间收藏，登不上大雅之堂。大多数用来贴墙壁，图个好看。如今，电影事业在中国发展得有声有色，一些人开始回顾中国电影百年发展史，老影片、旧海报自然成为了回顾的重点，因为它们代表着电影在不同时期的发展状态。

海报一般是用来介绍电影剧情的，上面包括内容介绍、影像和演员图片，还有些是非剧情海报，这类海报的价值要高于介绍剧情的海报。电影海报的价值受年代、储存量多少、制作设计优劣、是否得奖等因素的影响。一般来说，记载了重大历史事件的影片，它的海报收藏价值非常高。

另外，获得过国际知名大赛奖项的影片海报也值得收藏。美国奥斯卡金像奖、意大利威尼斯国际电影节金狮奖、法国戛纳电影节金棕榈奖、德国西柏林国际电影节金熊奖，以及国内的"百花奖"和"金鸡奖"都是国际国内的大赛事，获得过这些大赛奖项的影片必定会经过大肆宣传，名声在外，收藏的价值更高。

什么影响着收藏品的价值

作为投资收藏品，需要我们了解影响收藏品价格的因素，这样才能有较大的收益。

在国际和国内艺术品市场上，藏品的市场价格会受到各种因素影响，呈现上下波动状态。其主要影响因素有如下几种。

1. 物以稀为贵

被普遍承认的有较高收藏价值的古玩藏品，其数量的多少往往决定其市场价格的高低。如同一种钱币的发行量或存世量越多，其售价相对越低，反之则较高。如一些古钱币时间久远但却不值钱，主要原因就是存世量较多。至于书画等艺术品也一样。

2. 经济发展对艺术品市场的影响

藏品市场的繁荣有赖于经济的兴盛，经济繁荣使政府、企业和个人拥有大量可用于购买艺术品的资金。20世纪80年代，日本经济持续高速发展，日本商人在国际艺术市场上表现非常活跃。当时一些重要的艺术品拍卖，最后的买主几乎都是日本人。进入21世纪以来，东南亚地区经济增长迅速，使这一地区的买主开始占上风。

3. 时代风尚和审美趣味的变化

藏品市场价格常常受不同时代、不同地区的时尚和趣味变化的影响。在一段时期内，人们特别推崇和欢迎某一种或某一时代的古玩珍宝，从而形成一种"热"，促使这些藏品价格迅速升高。如2008年奥运期间，中国人民银行发行的面值为10元的纪念币，迎合了奥运风尚，加上发行量少，一时间供不应求，目前价格已经升至千元以上。

4. 书画等藏品作者的名气和地位高低

当代艺术家作品的市场价格也经常受到该艺术家名气和社会地位的影响。中国画家陈逸飞的油画在美国就有一定影响。另一些画家如齐白石、徐悲鸿、吴冠中等人因在国际上知名度高，作品价格增长也异常迅速。

5. 经纪人的推介作用

权威评论家、信誉较高的画廊、拍卖行、视频广告、电台推销等的赞美推崇或贬抑，往往左右藏品消费者的腰包和消费倾向，也影响甚至决定着藏品在艺术市场上的销售行情。

6. 此外，还有一些市场因素、社会因素、自然因素的作用，也会对藏品的市场价格产生影响

艺术品的价格问题较之一般商品复杂得多。作为商品，它的价格是受商品流通的一般规律制约的，但作为特殊商品，作为丰富的历史、文化和美学的承载体，它又具有文化传播的功能。如字画、古钱币和现代贵金属纪念币、邮票等，可谓"咫尺之内，而瞻万里之遥；方寸之中，乃辨千寻之峻"。因而，它极富收藏和投资价值。艺术品的存世量、品相、

题材、设计、材质、创作年代和手法、制作工艺，以及供求关系、时尚趋势等，往往是决定市场价格走向、起伏的重要因素。

市场瞬息万变，别错过时机

中国艺术市场交易活跃，别错过了艺术品投资的时机。

收藏，顾名思义就是将自己特别喜欢而相对价格较低的东西聚集起来，以备闲暇时候独自把玩，或者邀朋友一起共同欣赏，达到一种赏心悦目、启迪心智、明史览今、体察风情的境界。这一含义既包括了收藏什么，又包括了为何收藏的道理。

在中国收藏投资中，很多人把收藏的眼光放在了古代文物上，动不动就拿文物说事，有的甚至以文物专家的标准来审视各类藏品，结果把百分之九十的藏品贴上了"赝品"的标签，打入"冷宫"。在这里不能否认这类专家式的标准对文物收藏的作用，但结合现在大多人的收藏目的、收藏品的发展形势、普通人的收藏标准以及收藏人所具备的收藏能力，以文物作为收藏品标准似乎是用大脚穿小鞋——不太合适，也大大限制了收藏品门类和种类，不利于收藏品市场的长足发展。

收藏无新旧之分，只要你喜欢，你欣赏，你认为物有所值，收藏什么都是收藏人自己的事，别人无权干涉，所谓的标准都是外界以个人的眼光给你的爱好附加的限制，因为标准都是动态的、发展的，关键看收藏人的心理定位在哪里。举几个简单的例子，比如，有人喜欢老玉，那就要研究夏商周秦汉、三国两晋南北朝、唐宋元明清的玉器发展史，搞清各个朝代的款式、表征，尽可能地去拿你的标准到市场淘宝。相反，你喜欢现代玉器，那你就去研究各地各类能工巧匠雕刻的现代玉器的特征，在玉质、玉型、雕工上着眼，将喜欢的东西收入囊中。如果拿文物的标准看新玉，那似乎"遍地都是赝品、到处都是假货"。如果拿现在的标准看待古玉，那似乎也是"满目残缺沧桑，几乎一无是处"。其实，看待玉器，重在玉质、玉工，"心中有宝，喜欢就好"，何必给他加一个新老的统一标准呢？普通收藏界里大多是老百姓，老百姓有老百姓的乐趣，专家有专家的标准，彼此相容，各有千秋，你想拿三五十元买一个国宝级的文物，不能说绝没有可能，但希望微乎其微，近乎幻想。所以，还是自己心中有把尺，不靠别人靠自己。

那么，时下我们该收藏什么？木器无疑称得上一大收藏门类，木器的收藏以木质和做工决定价格，年代仅是次要因素。有些人非要用远远低于现代市场的价格买个明清木器，不管在哪里似乎都不太现实。

比如有人出三五万就想买个明清时代的檀木大床，这太不现实了，就是现在出厂的檀木床也没有那个价钱，你就别妄想明清的了。如果是明清的檀木大床，没有个几十万你别想拿下来。要想买到明清的东西虽然不能说没可能，但条件是你要准备好高出现代同类木器10倍到20倍的价钱，能以较低价格淘到民国的东西，你已经算是一个高手了。如果能以低于市场价一半的价钱买到现代制作的红木家具，你也算是独具慧眼了。

所以市场淘木器，看工看料看价钱，只要合适就收藏，这才是收藏的硬道理。记住，收藏是新老并进，喜欢就买，合理就收，那种死抱住非明清不收观念的人，在市场上往往是想占便宜却吃了大亏，不是别人骗了你，而是你的观念坑了你。

至于铜器、字画,道理也一样,收藏收的是乐趣,藏的是价值。老也好,新也罢,价钱合理就拿下。你想买古董,就得有辨别古董的眼力,掏出大钱的实力,等待升值的耐力,持之以恒的心力。新老无所谓,一心向善就好,价格不论高低,适用最好。想收藏字画,先看你收藏的目的,挂在大厅书房当作装潢,在乎的是书画的意境,而不管作者是不是名人,字画有没有升值的潜力。你想字画升值,贵求一个真字,不妨多花一些钱,多找几家鉴定机构,辨其真伪,然后再做安排,决定收藏与否。

收藏有黄金,关键是用心;收藏有陷阱,关键靠眼睛。时下正逢金融危机走出低谷,大部分收藏品已比前两年跌价了三分之一以上,美元大幅贬值,通货膨胀又一次成为话题,股票、钱币、邮市都在走出低谷,向上挺进,可以说,收藏又逢黄金年,此时不藏,更待何时?愿收藏界的朋友们多学习、多交流、多观赏、多收藏,要用眼看陷阱,用心掘黄金,你肯定就会有意想不到的大收获。

书画投资:眼光放长远

书画收藏要趋利避害获得回报,就需要我们遵循书画的收藏标准。

随着人民生活水平的提高和投资意识的普遍增强,人们开始关注极具投资增值潜力的书画品市场。那么,怎样投资、怎样趋利避害,才能获取不菲回报呢?

1. 掌握知识，了解现状

艺术品投资是高风险、高回报始终成正比的行业。但是，没有知识，犹如盲人骑瞎马；不会辨真识伪，要么买到赝品，要么再珍贵的艺术品也会与你擦肩而过。在这方面，虚心请教，刻苦钻研，眼勤、脑勤、腿勤，融会贯通，锲而不舍，都是至关重要的。

2. 找准切口，注意选择

从许多拍卖会的情况看，有些书法家和画家的作品成为投资者和收藏家追逐的热点，有些艺术家的作品除有待市场挖掘外，后市还相当广阔；还有一些艺术家的作品视野开阔，出手不凡，前景亦好，因此，我们在选择艺术品时要找准切口，注意选择。

3. 关注未来，长线投资

许多精明的投资者将眼光瞄准未来，尤其瞄准那些目前尚不出名，但有一定艺术实力的作者甚至在校学生的作品。据报载，1999年七八月间，上海、四川举办了该地美术院、在校学生作品拍卖会，拍卖价在几十、几百、上千元不等。许多专家认为，最具有投资潜力和增值空间的作者还在无数的后来人之中。当然，不管选择哪一代画家的作品，均要选择其精品、珍品，面积不宜过大，以便保存；价格不宜过高，以图升值空间广阔；宜舍远求近，以利鉴真识伪。

4. 回避风险，运筹帷幄

具有历史、文化、艺术、收藏价值，又充满风险和机会，甚至被喻为"一流投资"的书画艺术品的投资，关键要有精神的眼光和超凡的决断能力。因为赝品充斥市场,保真防伪至关重要。一般说来,人们愿意在拍卖行去拍精品,而不愿随意在市面上购真假难辨的"便宜货"。

古玩投资:懂规则便不神秘

了解投资古玩古董的原则技巧,
只有这样,才不会因为自己的盲目而损失钱财。

古玩古董投资是我们经常可以听到的投资收藏,很多人都很喜欢投资古玩古董,但投资古玩古董也需要我们对它们有一定的了解,这就需要我们了解投资古玩古董的技巧与原则,这样才不会因为自己的盲目而损失钱财。

1. 对古玩产生兴趣,变成爱好

我们做任何事情,都是感兴趣放在第一位,如果对一件事情不感兴趣,为了单一的目的去做,那就肯定做不好。

这些字画、瓷器等,都有非常多的历史背景和渊源,每一件物品都有自己的故事,如果我们对它产生兴趣,可以开心地每一天对着它思考,品味它,与朋友分享你的心得,分享你的知识以及收获。古玩这个行业,如果你想要投入进去,首先要喜欢它。

2. 耐心，多了解，多看多闻

当你刚对古玩培养出兴趣以后，就会急于因为自己喜好而想去入手一两件器物——最危险的就是这个时候。我们要看书，看电视，耐心地多了解之后，再投资买也不迟。

3. 投资与收藏是一体

古玩收藏是世界上最高端的奢侈品，我们平时嘴里谈论的，都只是那人多少钱买了一件东西，然后多少钱卖了出去，赚了多少多少钱。这就是普通老百姓对古玩最基本的认识和看法。如果你抱着这种心态去接触这个行业，那么可能你会败得很惨。

那些赚大钱的收藏者，都是在一定经济基础上，才去投资古玩的，他们超强的经济实力，会让他们容易接触到这个行业里面的尖端，在古玩这个行业里，顶级的东西会一直升值。我们看到的多数都是这些成功的收藏者，却忽略了自己脚下到底踩在哪块砖上。

4. 如何投资

投资可以是短线、中线、长线。短线，就是好比你100万买到一件东西，三个月甚至更短时间出手，赚到的钱不会是暴利，但也会有的赚，这就要求你手里必须要有足够的客户群体，如果你没有客户群体，那么，选择短线投资就不是你的好途径。短线一般都是古玩商人的首选。

中线投资就好比你将持有这件物品一年以上的时间，这里需要做的就是你买到的东西必须是你喜欢的，如果你对着一件花大价钱买来不喜欢的东西，你很可能坚持不到它应有的升值空间就想把它出手了。那些想投资的朋友，可以做中线投资，当然，你必须要对它感兴趣。

长线投资一般都是大手笔，长期持有的器物一定要具备非常精、非常少、非常新颖的特点，我们平时看到的那些几千万过亿元的器物，一般都是持有5年以上再出手。做长线短时间会套住你的钱很久，所以长线投资一般都是那些富翁选择的，因为他们不着急赚钱，并且喜欢这个东西，他们觉得买来是一种享受，但是只要一出手，就是赚大的。一般长线投资的物品也都有类似的经纪人存在，他们会告诉你什么时候出手价格最有优势，但是对于我们普通人来说，长线投资的各种难度还是很大的。

邮票投资：注重品相，量力而为

邮票收藏时只要坚持正确的投资原则，
就能避免许多失误，获得最大投资回报。

任何一种投资方式都有风险，但只要处理得当，风险可以减少到最低限度。只要坚持正确的投资原则，就能避免许多失误，获得最大投资收益。由于邮票不同于股票，因此在投资原则上有自己的独特之处。一般说来，邮票投资应当坚持以下四个基本原则。

1. **坚持量力而为的原则**

邮票投资，要坚持量力而为的原则。钱的来源应当是自己积蓄的，是暂时闲置不做急用的。如果靠向亲戚朋友借，或向银行贷，一旦遇上外部环境的变化，邮市不振，被套牢是非常尴尬的事。因为集邮热从降温到再度升温，这个周期短的一般要2至3年，长的要10年左右，这个周期的长短如何，非一般人所能左右。借钱搞邮票投资不足取。因此说，量力而为，应为一般大众投资邮票首要的原则。

邮票的价格和股票一样，始终是处于动态过程中的，当集邮热到来时，邮票价格将随同集邮的逐步升温，而节节登高，以至攀上这个时期的顶点。但当邮票价格被抬到这个时期的高峰后，由于外部环境的变化，又可能出现回落，甚至以低于面值的价格出售，也无人问津。

但是，邮票又毕竟与股票不同，邮票一旦由初级市场进入次级市场后，再也不会受制于邮政部门和其他部门了。决定它的价格的，只是它内在的规律，即美学鉴赏价值、文物价值、集邮人数、存世量等。也就是说，一套邮票的最终价格是多少，是没有限量的，它由邮票的供求关系决定。随着时间的推移，一些邮票的价格在一个时期内达到了大家认同的顶点，但又过了一段时间后，它的审美价值被越来越多的人所认识，它的文物价值也随时间的推移而发生了变化，邮票的存世量在时间的作用下也必呈减少趋势，而集邮作为一项群众性活动，人数是与日俱增的。这样，当一个集邮高潮过去后，一旦邮市走过低谷，开始复苏，这些邮票的价格又将慢慢地达到上个时期的顶点，等到集邮高潮再度兴起时，这些邮票的价格又将再登高峰。即使低潮再度出现，也很少有可能再回到前一个时期的价位，而在两个时期顶点价格之间徘徊，以待时机成熟，再度将价位大大向前推进一步。

以上分析说明了一个问题，投资邮票，只要能坚持打持久战，就没有"背时货"，当然，这得有个前提，就是必须量力而为，拿闲散资金去搞投资。即使当时买了邮票，接着价格就下来了，也不必急于出手，就如同将钱进行了5年8年的定期储蓄。当价格上涨时再转手，又可以有可观收益。

2. 坚持抓住重点的原则

邮票投资与股票投资的另一差别，是股票投资讲究分散的原则。一般股票投资者都将资金分为不同的比例，分别投资于若干种类风险程度不同的股票，以构建盈亏互补的合理资产组合，将投资风险降到最低程度。邮票投资则不同，由于每套邮票的选题、设计、表现形式、发行量、面值和发行年代不同，从美学鉴赏的角度就有不同的结论。有的邮票选题符合大众心理，设计精良，发行量小，面值低，受到大众的普遍认同和欢迎，市场价格就看好，前程也光明远大。有的邮票选题重复，表现形式平平，发行量大，面值又高，这样的邮票一般在相当长一个时期内，价格不会发生变化，就是在今后，升值的机会也相对要小、要慢，甚至比不上银行利息。即使价格在一个时期被带起来了，收集的人也不会很多，还是卖不出去，因此，邮票投资切不可全面铺开，要集中有限的资金，瞄准专题集邮队伍这个目标，实施重点突破，以提高投资的效益。

3. 坚持注重品相的原则

品相是邮票的生命，是决定其收藏价值的重要因素之一。珍贵的邮票，如果又有全品相，那么，它今后升值的可能性就可得到保证；如果邮票严重被污染或出现破损，或被折坏，即使是珍贵邮票，价格也是要打折扣的；如果是中、低档邮票，一旦出现品相方面的问题，就是降价，也很少有人接手，因为这样的邮票，从投资升值的角度讲，是没有前途的。

鉴于邮票品相对价格的直接影响，邮票投资者在购进邮票时，一是不能为了贪便宜，要有意识地购进品相欠佳的邮票。二是邮票交易过程中，要仔细检查邮票是否有黄斑、霉点或其他污物。要认真查看邮票是否出现人为折叠,着色是否有脱落,齿孔是否完整无损,背胶是否完整光滑。只有当邮票品相绝对没有问题时,才能拍板定夺。三是要经常检查自己购进的邮票是否有品相方面的问题。对已出现问题,市价又高出面值的邮票,要抓紧采取技术处理,或低价出让;对已出现问题,市场价格又与邮票面值相等或差距不大的邮票,可拣出来,用于邮件贴用。

4. 坚持避免盲目从众的原则

任何市场都逃脱不了价值规律的约束。具体到邮票市场来说,邮票投资者在一个新的集邮热刚兴起时,可以大量购进邮票,待集邮热发展到一定程度后,可将手中的邮票脱手。当集邮温度在达到临界点后,许多邮票的价位会出现波动或下滑。如果这时手中还有部分高价购进的邮票没出手,处理的方法有两个:一是在价格差距不大的情况下,赶快抛售;一是干脆将邮票收藏起来,以待下一个高潮的到来。当邮市进入萧条状态、邮票价格跌入底谷时,邮票投资者应把握契机,当机立断,以低价位大量购进有前途的邮票。这样,一方面可以降低前一个高潮时未脱手邮票的平均价位,使投资整体价格实现合理和平衡,以增强邮票在市场上的价格竞争能力;另一方面可以增加邮票数量和质量的势能,为赢得更丰厚的利润,奠定坚强有力的物质基础。

从以上的论述我们不难看出,在邮票投资过程中坚持好"量力而为、抓住重点、注重品相、避免盲从"四项原则是多么的重要。当然,这四项原则同样也适用于对集邮品的投资。只要朋友们把握好正确的投资原则,再辅之以良好的投资心态,那么,在邮市投资的效益就一定会是可观的。

黄金投资：抗通胀的佳选

我们可以利用黄金抗通胀、保增值的优势，

适当分散投资风险。

黄金具有商品和金融双重属性，因此在趋势的推断上，需综合考虑宏观经济和金融环境，如商品需求是否好转，金融环境是否稳定，等等，除此之外投资的技巧对于投资成功与否也起重要的作用。

1. 认清投资价值，"一夜暴富"的想法要不得

黄金自古就被作为保值避险、分散投资风险、抵御通货膨胀的重要产品之一。很多人投资黄金，有个误区，认为炒作黄金一定会一夜暴富，这个想法非常危险。

投资前首先应当认清上涨的根本原因，有利于我们规避相应的风险。目前的黄金价格，也已经明显积累了投资风险。另外，在人人一致看好的时候，更需要我们保持清醒头脑。

2. 不同风险偏好用不同投资工具和方式

在投资前，我们一定要先学习和了解黄金投资交易的特性和渠道，不可以盲目跟风。目前国内投资者有实物黄金、纸黄金和黄金期货等几种投资方式。实物黄金就是直接购买金条、金币和黄金首饰等。纸黄金

是通过银行等购买黄金凭证，不交割实物。黄金期货是通过保证金和杠杆效应，放大投资收益和风险。

对于风险承受能力较弱和新进的投资者，适合从实物金开始，这是黄金投资中最快捷和最省心的方式，无须太多技术和时间，但相对门槛较高，回购较难，手续费也比较高。风险是黄金投资中最小，适合于中长线投资的稳健型投资者。

对于风险承受能力较强，时间也相对较多的投资者，可以考虑纸黄金。把握国际黄金价格走势，低买高卖，赚取差价。一般情况，这种工具适合中短线操作，对黄金的研判能力有一定的要求。

对于风险承受能力高，追求高风险高收益的投资者，可以尝试黄金期货。由于实行保证金交易，以小博大的杠杆效应，风险和收益都放大许多，导致价格有可能出现剧烈波动，但稍有不慎，就可能出现大额亏损。所以，投资者要在涉足黄金期货之前，对风险收益和交易技术分析做足准备。

3. 控制投资比例，最多不超过 20%

理财是根据家庭类型，来综合规划和配置，使家庭资产获得长期稳健的增长。从分散风险和长期投资收益来看，黄金投资还是非常有必要的，但必须控制好投资比例，建议控制在家庭金融资产的 10% 左右，最多不要超过 20%。实际操作的时候，一定戒"贪"，根据风险从小到大依次为实物金、纸黄金和黄金期货。建议大多数投资者从实物金和纸黄金开始学习和配置黄金品种，普通消费者最好不要参与到黄金期货中。

4. 选择正规的投资渠道，避免贪欲

至于渠道，投资者应该选择银行、各地黄金公司等正规渠道。千万不要听信不明来历的电话投资顾问的推荐，投资者应该清醒认识，以免因为自己的贪欲，导致最终血本无归。

珠宝投资：注重甄别与保养

金银珠宝是女士们喜爱的饰品，
但同时金银珠宝也具有很大的收藏价值。

当今社会为人们开启了多种收藏与投资的渠道。储蓄、股票、基金、国债是人们最熟悉的投资方式。此外，字画、古玩、房地产、外币……也都是人们经常选择的投资对象，与这些投资方式相比，珠宝是一种更佳的投资选择。

1. 要收藏投资珠宝，首先要注意的是选择恰当的品种

既然选择珠宝作为收藏投资的对象，就必然希望未来会获得较大的收益。一般说来，未来具有较大升值潜力的是那些比较著名的贵重的宝石和玉石，尤其是它们中的优质品。

譬如，同是翡翠，一些高档的翡翠，10多年来其价格已翻了几十倍。据报道，1996年在香港的某拍卖会上，一个指甲盖大小（15.5毫米×13毫米×6.3毫米）的翡翠戒面，竟拍出387万港元的高价，达

到平均每克 37.18 万港元。而许多低档（被人们戏称为"砖头料"）的翡翠，在同样的 10 多年中，价格一般只升值了 1~3 倍，有的甚至还在原地踏步。

在通常情况下，今天的价格愈高，未来的升值潜力也愈大。这是因为这些名贵品种本来在自然界里就是产量稀少，才令价格高高在上。随着岁月的流逝，人类的不断采掘，它的产量只会越来越少；反之，由于世界经济的不断发展，富裕起来的人越来越多，他们对珠宝的追求也随之不断提高，从而更加剧了这些名贵品种的供需矛盾，促使价格不断上扬。那些比较低档的廉价珠宝，虽然也同样存在这种情况，但毕竟由于它们产量较多，供需之间的矛盾不会那么突出，所以升值潜力也相对减弱。

2. 收藏投资珠宝要警惕假冒伪劣珠宝

在当今的珠宝市场上，那些琳琅满目、令人眼花缭乱的珠宝中，实际上存在三种不同类型的珠宝。其中真正具有收藏投资价值的主要是第一类，即那些"真正的天然珠宝"。其次，在那些"经人工美化处理的天然珠宝"中，被认为是属于"优化"处理的，仍具有收藏投资的价值，而属于"处理"的就没有什么投资价值了。至于第三类，虽然不能完全排斥它们作为不同品类的典型而具有收藏意义，但它们却很少或完全不具有升值的潜力，如果你期望通过投资收藏珠宝来获得收益，那么这种类型就不应成为选择的对象。

已知的每种珠宝，特别是高档的珠宝都有大量的替代品。它们不仅收藏投资价值迥然不同，而且在价格上也有十分大的差异。仔细辨别你将购入的珠宝空间属于哪种类型，正确判断它的真伪，是保证你投资能否成功的关键。

对于大多数的收藏投资者来说，最好要求出让方提供有关该珠宝的详细鉴定报告。如果出售方不能提供这样的证书，一个办法是你要求对方和你一起携物去进行鉴定，在经过鉴定机构的确认以后，你再付款。假如这还办不到，你也可以在付款的同时，要求对方出具一张清楚写明所购珠宝品种名称的发票或相关保证书。在买下该珠宝以后再拿到鉴定机构去鉴定，若发现有问题，就可以凭借发票或相关保证书去要求对方退赔。要注意的是，对方在发票或保证书上所写的珠宝品类名称一定不能含糊其辞，如有的仅笼统地写"珠宝"或"宝石戒"、"玉镯"之类。若是这样，当你请鉴定部门鉴定发现问题时，便很难获得必要的退赔。因为伪劣珠宝仍属于"珠宝"这一大范畴里，出售方就可以振振有词地辩称他并没有欺骗你。

一张鉴定证书通常会包含这样一些内容。

（1）编号。它具有不可重复性，鉴定单位可凭借它查找存底。

（2）形状、颜色、透明度、重量、尺寸等。它既告诉你该鉴定件的基本情况，又具有标定鉴定件的意义。如果有人张冠李戴，冒用证书，即可通过这些数据与其进行核对。

（3）折射率、密度、光性、光泽、荧光性、多色性，等等。

（4）鉴定结果。根据国家珠宝检测规范的要求，只有被确认为天然珠宝，才允许在鉴定结果上直接书写珠宝名称；若是合成宝石则必须冠以"合成"两字，如合成虹宝石，合成祖母绿；若发现被鉴定物虽是天然珠宝，但经过人工处理，则应在珠宝名称后加上"处理"两字，并在备注中写明处理的方法，如虹宝石（处理），备注加染色处理。

一些特别贵重的珠宝，若仅有一张对方提供的鉴定证书，仍不能完全相信，因为它可能有三种情况难以保证它的正确性。一是由于鉴定上的疏忽或差错，产生误判。特别是那些难度很大，非常酷似天然珠宝的合成珠宝，由于鉴定人员经验不足或缺乏有效的测试手段，便难免出现这种差错；二是有些机构或个人难免受到经济利益的诱惑，而出具有失公正的鉴定书；三是曾发现有个别销售商为了赚取非法利润，私自对证书进行涂改，以蒙骗购买者。鉴于此，对于特别贵重的珠宝，最好能请多家检测机构分别予以鉴定，确保没有失误。

3. 收藏投资珠宝还要注意珠宝的保养

珠宝虽然具有耐久的属性，但这是相对于一般的事物而言的，我们不能将它夸大为永不损坏。不同的珠宝，由于物理化学性质上的某些差异，可能受到损坏的因素也就不尽相同，所以，它们收藏保存的条件也会不同。譬如，钻石虽然非常坚硬，是硬度最大的物质，一般不怕被其他物质刻划，它却有一定脆性。若不小心让它受到撞击，它也会破碎。与钻石相比，红宝石的硬度不及钻石。若把它和钻石放在一起，它就可能受到钻石的刻划而留下划痕，但它却比钻石抗高温，即使温度高达1000℃，它也岿然不动，然而，它对硼酸溶液却非常过敏，会受到硼酸的溶蚀。所以，珠宝收藏如何保养也是一个应予以高度重视的问题。

收藏投资有风险,不小心便满盘皆输

收藏投资也有风险,因此我们不要盲目收藏,
要谨防收藏风险。

近年来,随着人们经济收入的逐年提高,各种收藏热也在各地兴起,但是,收藏市场千变万化,收藏者稍有不慎,便可能落个满盘皆输。因此,加入收藏行列也需要一定的风险意识,我们应谨防以下六种风险。

1. 品相风险

收藏品的品相,好比是人的相貌,在市场交易中,品相好的收藏品可以卖出大价钱,品相差的收藏品价格就会相对较低。因此,一定要注意收藏品的好坏,以规避品相风险。

2. 价格风险

各种收藏品的价格不像股票行情一样能够一目了然,不同地区受不同地域的影响,同一种收藏品也会有不同的价格。因此,作为一个收藏者来说,不仅要掌握全国各地收藏市场的行情,而且更需要积累关于收藏的相关经验,否则,你就会交不应交的学费。

3. 假货风险

当前，防范假货风险是投资收藏品中最主要的一条。近几年，各种收藏品的假货充斥着收藏品市场，特别是一些市场看好价高的收藏品假货更多，因此，对于投资收藏者，进入收藏市场要谨慎操作，越是珍稀品种，越要格外小心，有条件的最好请专家帮助鉴别。

4. 保管风险

由于受气候和一些人为因素的影响，各种收藏品都会面临保管风险。一些收藏品不仅不能使其受潮，也不能使其受热，尤其是邮票、纸币、字画等还要防折、防虫蛀和防止受到各种化学物品腐蚀，也要禁止用手触摸。对自己的收藏品一定要加以察看，否则，品相一定会大打折扣，甚至会变得一文不值。

5. 交割能力风险

有的收藏品变现能力差，在收藏时要注意投资收藏市场走俏的品种，对收藏市场上不容易变现的收藏品尽量少收藏或不收藏，遇到收藏市场上行情低迷时，会造成资金积压。

6. 政策性风险

国家法律明文规定的不能炒卖的收藏品一定不要买来收藏，一旦违了法，就会受到国家法律的制裁。

止损，艺术品投资的风险规避

我们无法确保自己的艺术投资稳赚不赔，
学会止损才能使自己少遭受一点损失。

如果让你选择一项投资活动，既有超过 50% 以上的高回报，又可以在一种优雅的环境中去完成它，你一定脱口而出：艺术品投资。收藏一幅小小的油画，5 年后可能就会让你把宝马开回家……在越来越多人的眼里，艺术品似乎已成为最后要抓住的暴利市场机会，时不我待。但果真如此吗？只赚不赔的市场是不存在的。

一位艺术市场的资深操盘手曾告诉他的客户：我不能告诉你买什么东西一定赚大钱，但我可以告诉你：千万不要买哪件东西——它会让你亏钱。止损有时候比盈利更关键。赚钱是个人的造化，短期的努力基本无能为力，但及时了解艺术品投资板块中，哪些区域有雷区，是艺术投资者必做的前期准备。

下面我们拿邮票收藏为例，来说明艺术投资中止损的重要性。邮市被套其实是可以避免的，只要用心做到以下四点，散户投资者基本上可以避免邮品被深套的危险。

1. 有备而买

无论什么时候，散户投资者在买进热门邮品前必须对邮市的发展前景以及该邮品的升值潜力细加分析,千万不可糊里糊涂地入市购买邮品,然后糊里糊涂地等待上涨,最后却糊里糊涂地被套牢。

2. 设立止损点

投资邮市出现巨大亏损的人,都是由于当初入市时没有设立止损点,凡是在邮市从事短线炒作的投资者一般都应设立好规定的止损点,一旦邮价跌破止损点价位,就应立即抛出止损,以免造成邮品被长期套牢,造成更大的损失。属于"止损"的品种主要指一段时间内被市场十分关注的"热炒"邮品;而一些自然升值的早期优质邮品等则不需盲目止损。

3. 不怕无量空跌,就怕放量下挫

有些邮品成交清淡,低价抛出并不可怕,可怕的是某种邮品下跌时成交量突然放出很大。一般被庄家大户控盘的邮品下跌时不可能有很大的成交量,一旦出现放量下挫,说明坐庄的主力邮商已在出货。如2001年4月邮市"井喷"行情中,涨幅巨大的"神舟号飞船"大版票突然间高台跳水,市场炒家凶狠放货,在几天时间里,竟从千余元高位放量下跌至250元,令许多邮市散户投资者措手不及。

4. 警惕邮市持续狂涨

当邮市高潮来临,各种邮品持续狂涨,邮市里人山人海,到处一片叫好声,人们不管买进什么邮品都能赚大钱,其实,此时邮市已处在顶部阶段了,这时邮市散户投资者若再盲目买进,那风险绝对大于收益了。如1997年春夏之交的邮市从顶峰逐级盘跌、最后持续10年"熊市"套牢绝大多数散户投资者,就是最好的例子。

艺术品投资中的风险如真伪判断等不一而足,但"跟风买进"已经成为威胁投资者们的最大风险。拍卖公司逐利为先，本在情理之中，不应指望拍卖公司对当代艺术的发展起到什么历史定位和引导作用，那是画廊和美术馆、博物馆的事情。问题在于拍卖公司对商业前景看好的艺术家的"追捧"，直接导致了一些初入市的艺术品投资者的"跟风"。在拍卖公司那里，你只能买到已经十分成熟的流行的艺术品。更重要的是，你不具有前瞻性的艺术眼光，也就不能掌握艺术品升值的主动权，在高价购入那些高档的时尚产品时，也同时购入了更高的风险。

第四篇
无风险不投资：
投资理财要了解的风险学

喜欢占小便宜，是人性的弱点之一，有些人甚至因此失去了良好的好人缘。其实人们早就在日常生活中发现占便宜是件挺不靠谱的事情。你也可以把那些低风险、高收益或者无风险、高收益的项目看作无事献殷勤，接下来你就明白该怎么做了。

第一章
投资理财，风险与收益并存

对投资者来说，首先考虑的应该是风险，因为风险会让我们遭受损失，是具有危害性的，然后考虑的才是收益。对投资者来说，最好能够对理财产品选择较好的配置、组合，分散投资，这样做的目的也是为了避免高风险，获得稳定的收入。

风险性、收益性、流动性——投资三要素

世上并不存在只赚不赔的投资方式，
任何投资方式都有其风险性。

世上并不存在百分百挣钱的投资方式，任何投资组合都有其局限性，要想进行投资，首先你必须明白和投资共存的三要素：风险、收益、流动性。在投资的时候，你要兼顾好风险和收益，同时注意资金的流动性。在进行选择的时候，不同的投资产品，其风险和收益及流动性也是不一样的，所以，要根据自身的实际情况以及理财规划合理地进行选择、配置，以便选择最好的投资组合。

投资产品必知的三要素：风险性、收益性、流动性。

风险、收益和流动性是与投资相存的三要素，无论你选择何种投资方式，首先就要从这三方面进行考虑，在选择的时候多问问自己，收益多大？风险有多高？资金的流动性有没有问题？

我们进行投资就是为了能够获取较好的收益，如果没有收益，我们的投资也就失去了意义。大多数人参与投资，第一个想法就是获得丰厚的收益，这是我们在投资的时候必须考虑的问题，虽然很多投资产品属于保值产品，但若是没有获得收益，或者收益没有跑赢通货膨胀，那我们的投资很明显是失败的，事实上，是遭受了损失，所以在投资的时候，我们必须考虑收益问题。

然而，不是所有的投资者都有较好的理财观念和投资心态，很多人在投资市场中盲目追求高收益，甚至抱着一夜暴富的心态进行投资，由于过分追求收益，置风险于不顾，很多投资者想的都是"舍不得孩子，套不着狼"，事实上，这种投资观念是错误的，是应该及时改正的，没有好的心态而想获得好的收益，基本上是不可能的。

对投资者来说，首先考虑的应该是风险，因为风险会让我们遭受损失，是具有危害性的，然后考虑的才是收益。对投资者来说，最好能够对理财产品选择较好的配置、组合，分散投资，这样做的目的也是为了避免高风险，获得稳定的收入。

在电视或者网络上，我们常常看到理财专家对投资者的建议，如根据年龄的不同划分为保守型、进取型、积极型等，又或者根据投资的属性，股票持有多少、基金持有多少以及外债持有多少等，总之，理财专家会根据你自身的实际情况和你的理财目的决定投资配置比例。其实这是一种防范风险的措施，虽然股票等都具有高收益的特点，但不要小觑其高风险性的特点，我们知道报酬的高低是与其投资风险呈正比关系的，但我们也不能为了追求高收益而置风险于不顾。

如果我们只考虑高收益而忽视了投资风险的评估以及个人风险承受能力的评测，当风险来临的时候或者购买的产品价格不断下跌的时候，投资者就会遭受巨大的损失，这是大多数投资者都不愿面对的现实。

张晓阳的投资生涯是从2007年开始的，当时的股市正在节节攀升，张晓阳在朋友的建议下购买了股票，他把自己原本准备用于购房的30万元投入到股市中，即使一个月能有10%的利率，一年下来，收益也是非常可观的。牛市的疯狂涨劲果然没让张晓阳失望，几个月后，张晓阳的股票市值已经突破50万元。

张晓阳很高兴，但高兴的日子并没有持续很久，很快股票市场出现了波动，股市开始出现了跌盘，短短的五天时间，张晓阳的股票市值就变成了40万元，接下来的几天又出现了几次大跌，张晓阳所买的股票连续跌停，不久后便只值15万元了。

损失了一半的资金，张晓阳痛心疾首。但他不甘心，他想重新把钱挣回来，于是他继续保留股票，但到了2008年的时候，张晓阳的账户金额不足10万元，买房计划也随之流产了，张晓阳十分懊悔当初没有在价格最高时及时抛出。

张晓阳自身并没有专业的理财知识，只是在投资过程中盲目地追求高报酬、高收益，忽视风险，最终也遭受了重大损失。即使在牛市也是有风险的，有的投资者被胜利冲昏了头脑，忘记了风险，盲目跟进，在该"割肉"的时候又狠不下心，最终遭受更大的损失。

由此可见，年轻人或者上班族在进入投资领域的时候，一定要保持良好的理财心态和投资观念，拒绝贪婪，在考虑收益的同时更要考虑风险，在做资产配置的时候，要根据自身的实际情况以及承受风险的能力做出合理的选择。当然，对于一些有家室或者需要赡养父母的上班族来说，最好还是选择稳健的投资方式。

在投资中，除了收益和风险外，剩下的就是要考虑资金的流动性。在生活中，谁也不能保证自己的一生能够平安顺利，在遇到一些突发事件的时候，我们手头上最好有一笔能够应急的资金。虽然资金的闲置是不符合理财理念的，但我们还是要留出一部分钱用来救急，以免在风险来临的时候被迫打乱自己的投资计划。

你可以把这笔资金存在银行里，甚至还可以将它们分为几份，存成定期，这样在需要用钱的时候，需要多少便取出多少，虽然会遭受利息损失，但毕竟是少数。另外，还有一些存单不断地实现保值、增值的功能。

拿得起放不下，就不要投资

投资要量力而行，保持"平常心"
"冷静头脑"，才能赢得起输得起。

"最近发生什么事情了吗？我怎么看见你在办公的时候有点闷闷不乐？"张晓敏问自己的同事范美玲。范美玲最近几天总是愁眉苦脸的。

"我能高兴吗？几年前，我盲目听从别人炒股的建议，把自己的积蓄全部投资到股市中，如今股票账户上所剩无几了，买房子、买车的梦想又离我远了一步。"范美玲有点抱怨地说。

"唉，我也是啊。老公把家里的资金拿去炒外汇，结果却一败涂地。

现在我们都不敢提要孩子的事情，因为没钱养。我都快30岁了，还没自己的孩子。"张晓敏的心情也变得沉重起来。

投资要量力而行，不要像范美玲或者张晓敏的老公一样，赢得起却输不起。生活中，这样的例子有很多，因为投资失败而使家庭生活陷入困境中，更是使不少人生计划被迫往后拖延，张晓敏想要孩子的计划、范美玲买房买车的计划都是这样。所以，做投资的时候，首先要考虑如果输了，会给自己的家庭或者生活带来什么样的影响，是否在自身的承受范围之内，不要只顾着赢利的诱惑而置风险于不顾。

赢得起，输不起，说白了就是风险承受能力较低，赢的时候信心暴涨，但一旦价格下跌，却没法控制风险，甚至一次危机就有可能输掉全部。事实上，赢得起，输不起的投资者占很大一部分，很多人都是以自身的资产做如同博弈般的投资，一旦失败就会一败涂地，甚至严重影响生活质量。

对于年轻人来说，千万不要做自己输不起的投资。在这个时间段，自身还处在资金积累的阶段，在投资的时候，保本是最好的选择。在做任何投资的时候，都要首先想清楚，如果输了，自己是否能够承受得起？如果输不起，就不要做这项投资。

在进行投资的时候，最好对自己的风险承受能力做一个科学的考察，明白自己能够承受的底线在哪里，同时也要仔细考虑，如果失败，是否承受得起？不要被投资的收益所迷惑，如果觉得赢得起却输不起，这笔投资就不要做。在做生意的时候，精明的商人会仔细地考虑自身的承受能力，然后做出最恰当的选择，投资也是如此。

对于年轻人来说，最好不要投资股票、期货等之类的金融衍生品。尤其是经过多年的打拼才好不容易拥有自己的第一桶金的人，那毕竟是自己的血汗钱。如购买国债、信贷资产的产品，这些产品稳定性很高，风险较小，收益也相对稳定，适合刚进行投资的年轻人保本增值的需要；否则，一旦遇到风险，还要重新开始积攒第一桶金的过程。

在投资中，选择保本产品投资并不是拒绝其他投资方式，这只是进行投资的第一步，随着你对投资了解的加深，你可以试着通过各种高风险的投资工具来实现财产的增值。慢慢地从当初对财富的不了解成长为一名成功的投资者，对投资也会有自己独特的见解，在投资道路上越走越远、越走越顺。

开始的时候，你可以采用模拟的方式进行投资，试试在投资中，自己究竟可以承受多大的损失。在实际的投资中，你可以先投入一部分资金，然后慢慢地注入资金，到了觉得自己已经无法承受的时候就停止资金注入。

另外，对风险的控制还要受个人止损能力高低的影响。在风险来临时，如果你不能果断止损，那么即便本金很雄厚，也会被市场吞噬殆尽，所以在投资之前，你要为自己设置止损点，并且严格执行。在平时多跟那些有经验的投资者学习止损方法，在投资中，如果资产的损失达到一定的限度，就抓紧时间撤退，犹豫时间越久，损失越大。

在投资的过程中，最好能够调整好自己的心态，不要有贪婪、恐惧或者一夜暴富的心理。要知道，只有心态平和，你才能冷静地从市场的变化中找到投资的窍门，不会被负面情绪左右自己的投资选择。

总而言之，在投资生涯中，要时时刻刻记住做赢得起也输得起的投资，保持冷静的头脑，不要被市面上的高收益所诱惑，保持一颗平常心，同时也要加强对止损能力的学习，这样在遭遇风险的时候能够快速地做出反应，避免财产损失。世上没有低风险高报酬的事情，投资也不例外，所以投资既要赢得起，也要能输得起。

投资路不好走,做好万全准备

通往成功的路总是百转千折,
通往财富的投资路也同样不会走得轻松。

张夏柏和李淑娇是同一家公司的员工,二人都热衷于理财,几年下来,也算是小有积蓄。但是,最近二人却在买某只股票上争执不下。张夏柏认为应该买,因为这只股票的收益率很高,公司的经营状况十分不错,而且属于垄断产品,风险较小;李淑娇反对,股票的价格远远高于市场价格,这是很异常的,明显是有人在炒作,买这样的股票即使有收益也会很低。

张夏柏没有听从李淑娇的建议,购买了大量该公司的股票。然而让人意外的是,这只股票一上市,价格就不断地下跌。无奈之下,张夏柏只好忍痛"割肉",直到这时,她才后悔当初没有听李淑娇的建议。

在通往财富的道路上有着数不清的宝藏,同时也有着令人眼花缭乱、防不胜防的一个又一个陷阱。一不小心落入了陷阱中,就有可能被这些陷阱吞噬掉自己的血汗钱,所以,在通往财富的道路上,我们一定要练就一双慧眼,能够分辨这些陷阱,否则就会像案例中的张夏柏那样在财富场上蒙受巨大的损失。

在投资中,必须要谨慎小心,要学会从小处着手,注意观察细节,以免上当受骗，使资产出现损失。

2007年的某加盟集团骗局至今还在人们的印象里，一家规模不大的"总部"，旗下却有十多个在全国各地招商的服装品牌，其中一个品牌的省级独家代理商，全国竟有三百多个……如此明显的破绽却屡屡蒙混过关，全国约有近两万名投资者上当受骗，被骗资产总额高达30亿元。这起加盟集团骗局震惊了整个招商市场，给整个行业蒙上了阴影，使许多诚信经营的品牌企业的招商活动也深受其害。

从这场骗局中，我们可以看出很多投资者的防骗意识和能力都很差，很容易轻信他人。在投资的过程中，投资者要警惕以下几种类型的投资陷阱：

陷阱1. 以专卖、代理、加盟连锁、流动促销等做诱饵发展下线的传销活动，以及利用互联网为中介进行的"网络传销"活动。如上面案例中所说的2007年的某加盟集团的骗局。

陷阱2. 以投资展位、铺位、公寓式酒店经营权为名进行"购后返租""产权式商铺"等非法吸收公众存款、集资诈骗犯罪活动。

陷阱3. 以"证券投资咨询公司""产权经纪公司"的名义推销即将在境内外证券市场上市的股票。

陷阱4. 以联合养殖、种植、合作造林名义进行"联营入股返利"、租养、代养、托管、代管等非法吸收公众存款、集资诈骗犯罪活动。

陷阱 5. 利用互联网从事非法境外外汇保证金交易的行为。

事实上，这些投资陷阱都有一个共同点，即高收益。这是一个不折不扣的"诱饵"，尤其是对那些被贪婪蒙蔽了双眼，或者憧憬着一夜暴富的投资者来说，更是难以抑制的诱惑，所以，投资者一定要看清这些公司或者人员的本来面目，如果是好的项目，他们肯定会自己做，而不是千方百计地拉拢投资者。要知道，这个世界上并没有免费的午餐，免费往往意味着在后期你要付出更大的代价。这些投资陷阱打着"高收益"的幌子，到处招摇撞骗。其实，只要投资者细心一点，就可以发现这些投资陷阱有很多的特点。

1. 告诉投资者是海外项目。利用投资者崇洋媚外的心理，达到目的。
2. 告诉投资者能"一夜暴富"。符合一些投资者的心态，这是最不靠谱的一种说法。
3. 披上合法的外衣。获得某人的认可或者某人也进行了投资，以此增加吸引力。
4. 虚构"有实力"的形象。比如公司是世界 500 强，其实只是名字相同而已。
5. 告诉投资者"无风险高收益"。要是这样，他们自己就会做了。
6. 迅速给投资者"甜头"。给甜头是为了获取投资者的信任，以吸引投资者投入更多资金。
7. 告诉投资者是创新项目。如今创新成了一个颇吃香的词，似乎一个项目披上创新的外衣就能够财源滚滚。

在投资市场上，如果遇到具有以上特点的投资项目，投资者则需要小心谨慎，要多留个心眼儿，多考察、多问，不要只把眼睛盯在收益上，更不要抱有"一夜暴富"的心态而导致盲目信任、贸然投资，最终只能得到资产损失的结果。

要想从各种各样的陷阱包围的环境中走出正确的投资路，你就要从几个方面开始着手准备。

首先你要克服自身的弱点，如贪婪、渴望"一夜暴富"、心存侥幸、盲目从众或者容易被打动而做出冲动的决定，或者想走捷径、对理财理论缺乏了解，等等，这些缺点都是值得注意的，要加以改正。

其次是运用六步自问法，在投资界中有这样一条通行规则，就是说如果一个项目听起来过于完美，这个项目就是不真实的。通过六步自问法，则可以避免投资者因为自身的弱点而导致轻信谣言。

1. 是什么人或者公司卖给我产品？这个人或公司的信誉如何？实力又怎样？

2. 公司或人拿着我投资的资金做什么？有人监督资金使用情况吗？他靠什么赚钱？

3. 通过投资，我能赚什么钱？赚钱有保证吗？

4. 投资收益率合理吗？行业的投资收益率是多少？如果收益率过高，那么则需要谨慎考虑了。

5. 如果急需用钱，不想要产品了，这个产品能卖出去或者套现吗？又或者产品卖不出去，能留着自己用吗？

6. 一旦发生风险，本金是否存在保障？

通往成功的路总是百转千折，通往财富的投资路也同样不会走得轻松。总之，在投资的时候，投资者一定要学会谨慎小心，从细节着手，不要操之过急，对投资的产品必须做一定的调查研究，收集一些必需的资料，作为决策的依据。另外，世界上没有低风险高报酬的投资，如果有些项目是这样的,那么投资者就需要小心了,或者干脆不投,或者换别的投资产品。在通往财富的这条道路上,得到的是宝藏还是不幸,就要看你事先的准备是否充分了。

第二章
小心信用卡成为生活的负累

信用卡方便快捷，而且还能透支消费，享受一定时间的免息待遇，但使用信用卡也存在着"高额利息"的风险，因此，我们在使用信用卡时，一定要多加注意，做到扬长避短，轻松使用信用卡，别让信用卡的风险成为我们的绊脚石。

"负翁"是如何养成的

"先消费，后付钱"，别成为"负翁"和"卡奴"。

先消费，后付钱，听上去很美，可是天下没有免费的午餐。很多人在大笔一挥、签约领卡的时候，对使用条款其实还没有真正了解。等到拿到账单，就目瞪口呆或者以为银行"乱收费"，因此，信用卡并不是越多越划算，我们要避免让自己沦为"卡奴"。

一个人使用大量的现金卡、信用卡，但负担不出缴款金额或是以卡养卡、以债养账等方式永远都是一身债，一直在还利息钱，也就变成了信用卡、现金卡的卡奴。卡奴大致上可以分为两种：第一种是不懂节制消费，或不劳而获心理作祟，预支现金过多；第二种是生活或经济困难，不另思出路反而向银行借钱，以债养债。

拥有多张信用卡，时常潇洒地在购物场所"喜刷刷"，已成为许多上班族的生活方式，个别人甚至能在一个月内"刷爆"多张信用卡，但同时也换来沦为"卡奴"的代价。某网站曾对六千余名上班族信用卡使用情况进行的调查显示，约四成上班族已成为信用卡"卡奴"。并且超过八成的上班族拥有自己的信用卡，且使用率高达72.5%。调查显示，拥有信用卡的上班族中，超过半数者不得不承担一部分利息和负资产。其中，超过20%的用卡人认为自己完全被信用卡"套住"，花了很多冤枉钱。还有两成的人尽管主观上知道信用卡的种种弊端，但每月都难免成为信用卡的"负翁"，已经成为事实上的"卡奴"。

手上持有多张信用卡的人，有很大一部分是因为对信用卡的误解而盲目办理了多张信用卡，目前，对信用卡比较典型的"误解"有以下几种。

误区一：免费卡"不办白不办"

现在有些信用卡年费打折，刷卡送年费，甚至干脆免年费，还有开卡送礼等促销活动。这不免让人心动，有人一办就是好几张。不过拿到促销礼物之后，就把这回事丢在脑后，卡片也不知所踪。

信用卡与借记卡的一个明显区别是：银行可以直接在信用卡内扣款。如果卡内没有余额，就算作透支消费。免息期一过，这笔钱就会按18%的年利率"利滚利"计息。100元一年的利息至少18元。如果一直不交，就被视作恶意欠款，严重的还会构成诈骗罪，引起刑事诉讼。

所以，千万不要以为免费卡真是那么好拿的。如果不想继续持卡，需要向银行主动申请注销，有的银行还规定，注销申请必须以书面形式。

误区二：人民币还外币很方便

现在双币信用卡比较流行，许多人看中了"外币消费，人民币还款"的便利。

其实，这种便利也许没有想象中那么简单。各家银行对购汇还款的服务有较大差别。有的银行只接受柜台购汇，持卡人必须到银行网点现场办理购汇，然后打入账户还款，也就是说，只要消费了外币，还款必须到银行柜台办理。

有些银行能够提供电话购汇业务：先存入足额的人民币，然后打电话通知银行办理。不过，如果到期忘记通知，即使卡内有足额人民币，也不能用来还外币的透支额。

误区三：像借记卡一样提现

用信用卡取现金，除非是万不得已的情况。银行发信用卡，主要目的是为了让客户多消费，赚取更多佣金，如果客户用现金消费，银行就赚不到钱，所以，信用卡的通行惯例是，取现要缴纳高额手续费。有些银行的取现费用高达3%，取1000元，要缴纳30元给银行。

即便是为了应急，取现后也一定要记得尽快还款。因为各家银行普遍规定，取现的资金从当天或者第二天就开始按每天万分之五的利率"利滚利"计息，不能享受消费的免息期待遇。

误区四：提前还款很保险

有些人觉得每月还款太麻烦，或者怕自己到期忘记，索性提前打入一笔大款项，让银行慢慢扣款。这种做法要不得。

首先，存在信用卡里的钱是不计利息的，等于你给银行一笔"无息贷款"，这与信用卡的功能正好背道而驰。还有一点更为重要：打入信用卡的钱，进去容易出来难。有的银行规定，从信用卡取现金，无论是否属于透支额度，都要支付取现手续费。有的银行则按笔收费，每次高达数十元。所以，除非预计即将发生的消费将大于透支限额，最好不要在信用卡里存放资金。

循环利息与滞纳金，持卡的最大威胁

信用卡最可怕的莫过于循环利息与滞纳金。

为了刺激消费者办卡，信用卡申请单上"卡友优惠"与"会员权益"，绝对比各项费用与利率的讯息来得大且清楚。这薄薄的一张申请单，同时还肩负着广告的任务，很多必要的讯息不是占的地方很小，就是利用各种举例方式，让你"看起来花了一大笔钱，却只付出很少的代价"；其实不然，信用卡最可怕的莫过于循环利息与滞纳金。

经常使用信用卡的朋友都知道，多数银行会加收滞纳金（某些银行或称为违约金），亦即将未清偿的金额再多收相应费用，加收200元到1000元不等的违约金。消费者每月缴交的最低应缴，当然一样要先扣掉当期利息，并扣掉违约金之后，剩下来的一点点钱才会被拿来还掉本金。

相信有基本数学概念的人一定会了解，如果以"复利"计算账款，而且是先扣抵"违约金""利息"的话，欠银行的债务，如果只是缴最低应缴金额的话，如果一直使用而不知节制的话，你的信用卡欠款将要无限期地延长，延长到令你自己都迷惑的时候。

如果某人欠了某银行共 10 万元的卡债，就算他从现在开始不再刷卡，每个月也乖乖拿出 5000 元缴卡费（因每家银行之最低应缴金额不尽相同，此例为 2% 之最低应缴）。

为了这 10 万元的卡费，某人必须花上将近 2 年的时间，才能将卡费完全缴清，亦即共付出近 12.5 万元。如果仔细察看账单的话，某人就发现自己每个月所缴的 5000 元里，有近三分之一的钱都在缴利息。

这其中最可怕的并不是银行的冲账方式，而是人的心态。银行每月的月结单上通常在"应付总账款"旁，有一栏叫"最低应缴款金额"，通常你的金额不到三四十万时，是不会有感觉的，一般人只会觉得，上个月刷的，这个月只要缴少少的几千元就好，真是便利。殊不知，已落入了"循环利息"的旋涡之中了，等到按照每月最低还款额还清三四十万时，洞已经越来越大了。例如一个月的利息加上违约金就约 2544 元，可是银行却可以让你偿还"最低应缴款金额"，这样一来本金还得不多，利息倒是长大了不少。当然就会觉得怎么越缴越多，有一直还不完的感觉。

消费者只有睁大眼睛，并开始建立正确的用卡态度以及还款方式，才有机会全身而退。

玩转信用卡要清楚"游戏规则"

信用卡方便快捷，但要扬长避短，合理利用信用卡。

使用信用卡，不只是存在"高额利息"的风险。据法律专家介绍，长期拖欠透支款不但需要支付高额的利息，还有可能遭到被起诉的风险，严重的还有可能要承担刑事责任。欠款人的身份证号码一旦被提交到中国人民银行，当事人的信用度被列在"黑名单"上，以后就难以办理其他的各种金融业务。另外，信用卡如果不慎丢失，被人盗用的可能性也很大。

彭女士属于比较早的信用卡用户，之前一直按时还款，在信用卡上也没有出过任何麻烦。2008年9月，她刷卡消费人民币40000多元。还款日前，她分多次还了这些消费金额。可事后她才知道，由于记错了还款额，她少还了0.8元。她惊讶地发现，银行在10月31日却对她计了两笔共计800多元的利息，是所欠金额的1000倍！从网上查到账单后，正在国外的彭女士立即致电银行的服务热线进行咨询。原来，根据该银行的信用卡章程规定，如果用户某月没有足额还款，银行将对该月的全部消费额收取利息。也就是说，虽然只欠银行不到1元钱，银行却按照全部消费金额40000元收取了利息。

了解了这些，读者可能会觉得信用卡既然有这么多麻烦，那还是不用的好。实际上，信用卡方便快捷，而且还能透支消费，可以享受一定时间的免息待遇，消费还可以积分，换取小礼物等，而且，使用信用卡还可以提高你的个人信用度。只要注意以下几点，就能扬长避短，轻松使用信用卡。

提示一：了解信用卡还款规则

首先，要清楚全额还款才能免除利息。在收到银行发来的对账单时，银行总会标明"本期应还金额"和当月的"最低还款额"，不少人就此认为只要还上最低还款额就行了，却不知道余下的部分，银行要收取高额利息。

一般来说，账单日后的20天是还款日，消费日到还款日之间的天数就是免息日，一般是20～50天。只有在免息期内全部还清"本期应还金额"，才能真正享受"免息"待遇；免息期内还了"最低还款额"后，其他没有还的部分，银行的信用卡系统会从你刷卡消费的那天开始按照每日万分之五的利率计算利息，直到你连本带利还清全部应还款；如果在免息期内，你连最低还款额都没有支付，除了透支利息以外，银行还要加收滞纳金。

因此，要尽量避免每月按照"最低还款额"的方式还款，最好当月结清当月的账单。

提示二：开通自动还款功能

刷卡轻松、还款麻烦，这是很多持卡人的苦恼。目前，不少银行都推出了自动还款功能和短信通知功能，女性朋友不妨一试，这样只需在办卡的同时选择一个连接账户，而且选择全额还款方式，并保证在扣款时该账户上有足够的资金。

提示三：不用信用卡提现

目前，各家银行信用卡取现金都要收手续费，而且更为关键的是，如果是透支取款，一天的免息期都没有。

这样，持卡人不仅要缴纳几十元的手续费，还要缴纳每天万分之五的透支利息，所以尽量不要用信用卡提现，取现金最好还是使用借记卡。

提示四：调整信用卡的额度

一般人持有的信用卡信用额度都在 5000～20000 元，通常情况下，我们用不了这么多的信用额度，万一信用卡丢失很可能造成不必要的损失。持卡人可以通过银行网络系统或者去柜台调整信用卡的限额，降低风险。

提示五：合理选择签名或密码

国际上一般以签名作为信用卡的消费凭证。签名和密码作为消费凭证，各有利弊。从安全性角度来讲，不用设密码、仅凭签字就可消费的信用卡，在消费时，尤其是通过网上银行消费，一般只要知道持卡人姓名、卡号、信用卡到期日以及查询密码就有可能被盗用，因此，很多国内持卡人认为，密码比签名更安全。

但是使用密码也有一些坏处，就是保管密码的责任则转嫁到了持卡人身上，也就意味着"损失自负"，一旦发生信用卡被冒用的事件，使用签名的持卡人的权益往往不能得到更好的保护和补偿。

多张信用卡,如何刷更实惠

使用多张信用卡,具体情况刷哪张卡才是真学问。

越来越多的年轻女士青睐信用卡,因为信用卡可以提前消费,这可以在一定程度上满足大部分女性的消费欲。但当我们手持多张信用卡的时候,我们必须做好管理,进而合理使用信用卡。

现在拥有多张信用卡的年轻人很多,那么,什么情况下刷哪张卡就变得有学问了,如果刷得好、刷得巧,你便会在刷卡中得到利益最大化。

1. 首先看自己是否有联名卡

如果有,那么每当你去联名商家消费时一定要用联名卡刷卡,因为联名卡是信用卡的同时,又是联名商家的会员卡,用该联名卡刷卡购物可享受商家8~9折的优惠,并可同时享受发卡银行和联名商家的双重积分。但是,也不能因为有了联名卡就盲目去该联名商家消费,消费前还是应该先比较一下该商家的会员价是否低于其他商家的非会员价。

2. 查询自己的信用卡都有哪些特惠商户

现在多数信用卡都有特惠商户,有的信用卡特惠商户还很多,持相关信用卡在特惠商户消费可以享受8~9折的优惠。当然,把这些特惠商户全记下来是不可能的,但是应该记下一些自己经常去的特惠商户。当你去特惠商户消费时，当然要刷有特惠的这张卡。如果购买书籍等价格固定的商品，可以有目的地去特惠商户消费。另外，值得一提的是，即便你不知道哪个商家是哪个信用卡的特惠商户也不要紧，建议你刷卡之前仔细看一看收银台附近是否有"××银行特惠商户标志"，还有，大额刷卡之后，不妨回来再查一查有否该给特惠而没给特惠的现象发生。

3. 实时查询各行的优惠活动

价格上的优惠是最实惠的，如果没有价格上的优惠就要考虑积分等其他方面的优惠了，因此经常在网上查一下各行有哪些优惠活动是必要的。比如许多信用卡时不时推出双倍积分、三倍积分，甚至七倍积分的活动，或者是消费多少钱送好礼的活动。当然是哪个信用卡的活动实惠刷哪张信用卡啦！不过在此还是要提醒大家一下，遇上消费满多少钱送好礼的这类活动时，千万不要为了达到活动的条件而买了不必要的东西，或者得到的只是一件很不实用的礼品。

4. 依个人情况使用信用卡

如果消费时，各家信用卡的价格优惠、积分优惠、其他活动都相同或都没有时，就要看你的个人具体情况来选择信用卡了。如果你某个月的钱很紧或者你很看重资金的时间价值，就建议你刷那张刚刚过了记账日时间最短的卡，如果你更看重信用卡的服务，就建议你刷你认为服务最好的那张卡。

靠信用卡积分理财，不现实

信用卡积分换取有价值的礼品，只是一种策略不是一种理财。

积分是银行承担成本的客户回馈，是银行在收取的商户刷卡清算手续费中拿出一部分返还客户。以信用卡积分作为理财的一种工具，目前还不是很现实。

近年来，各大银行的信用卡营销大战愈演愈烈，很多银行为了鼓励消费者办卡，纷纷赠送小礼品，并承诺积分可以换取很多有价值的商品。因此，有些人认为信用卡积分是一种理财工具。殊不知，在这过程中他们会遇到很多不如意的事情。银行一般按照刷卡额0.25%~0.3%来制定积分兑换的礼品价值。虽然各银行积分累计方式不同，有的银行是消费1元计1分，有的银行是消费20元才算1分，但几乎所有银行基本上都需要消费数万元才能兑换价值数百元的礼品。

黄女士在研究自己的某张信用卡时，查看了一下自己的积分：9870分，初看觉得挺多，再仔细看看能兑换的礼品，却发现动不动都得几万、十几万分才能换一个不起眼的小玩意儿，9000多的积分能换的根本没几样，而且大部分还得自己掏钱垫上才能换。黄女士发现刷卡消费1.8万元和6万元，你所获得的积分可能只够换来一个史努比玩具和一个打火机；如果你想换取一些高级点的商品，还得自己掏一部分钱。

消费积分满 2000 可以说是很多银行积分换礼活动的最低起始门槛，但即使是消费了 2000 元后换取到了相应的积分（以 1 元 1 分计），在换取礼物时还要自己再掏一部分的钱。而在 2000~3000 分这一范围内能够兑换的礼品，大多是一些简单的生活用品和文具，比如某银行积分 2000 后，还要付 24 元才能够得到一个钱包，或者加付 11 元才能换一个鼠标垫。一旦积分达到 10 万以上，也必须付出几百甚至几千元的自付款项，才能够得到类似摄像机、数码照相机、MP4 等高档礼品。

有消费者认为，如果拿信用卡去买房买车的话，以消费 1 元人民币积 1 分算，也可以很容易达到几十万的积分，这样就可以把一些"大奖"抱回家了。但其实，大部分的银行都规定，购买房产、汽车等大宗商品是不能计算积分的。

以 0.25% 的回报率来算，银行信用卡提供的礼品奖励，对于高端持卡人而言吸引力非常小，对于年龄偏小或消费水平较低的持卡人而言，在银行规定的积分兑换有效期内，要达到银行要求的消费水平则比较困难。

积分是银行承担成本的客户回馈，是银行在收取商户刷卡清算手续费中拿出一部分返还客户。但有些行业根据银联的规定没有清算手续费，如医院；或手续费非常低，如批发类商户；或有些行业为定额手续费率，如房地产。出于成本考虑，银行无法再提供积分回馈，因此有些行业的刷卡是没有积分的。

信用卡还款有学问

合理利用免息期，更好使用信用卡。

信用卡消费有一定的免息期，但一旦过了免息期仍然没有还款的，其利息也是很高的，因此，我们要在银行规定的时间内，还上消费款。但毫无疑问，还款也是有学问的。只有了解了这些还款的规则，我们才能更好地使用信用卡，使卡为自己提供便利。

为了给持卡人提供便利，每逢十一、春节等消费者刷卡高峰期，一些银行会为部分信用良好的持卡人临时调增额度。拿着透支额上调后的信用卡，不少人会忘情地刷卡消费，以至于透支金额也随之上涨。一些粗心人往往忘记了当月透支额度上调的部分，还款时只按照原透支金额还款，造成还款逾期。然而一旦临时调增的额度不能按期还款，该部分欠款将被额外收取5%的费用，并影响个人信用记录，因此，节日期间透支信用卡的刷卡族还款前，一定要先看对账单。

假期"血拼"后，不少人到还款时才发现刷卡过度，手中资金有限，无法全额还款，不得不申请分期还款。但申请分期还款时，一定要弄清楚分期还款的手续费是否分期。一般来说，申请信用卡分期还款后，"分期"还的只是刷卡金额，而申请该项服务，需要支付一笔手续费，该手续费往往不能分期支付。不少人是通过电话方式申请分期还款的，在办理过程中，有的银行会提示客户手续费是否需要分期，有的银行则未加提示，如果客户不了解情况，容易造成手续费漏还。

针对部分持卡人无力一次性还款的情况，社会上出现了一些"养卡"公司，持卡人为了保持信用记录，在缴纳一笔手续费后，请"养卡"公司代为还款，借以延长透支时间。我们一定要慎重对待这种还款方式。一方面，通过"养卡"机构还款只是延长了还款期限，最终还是要为下一次还款做准备；另一方面，此举会进一步助长非理性透支，使持卡人陷入恶性循环，而且，此举容易泄露个人信息，造成盗刷风险。目前，每家银行的信用卡都开通了最低还款额业务，一般最低还款额为消费金额的10%，只要还足了该部分金额，就可以减少不良记录的产生。因此，如果持卡人一时无力全额还款，不妨灵活运用银行提供的各种推迟还款的业务，以降低用卡风险。

还有人采用跨行转账的方式还款，跨行转账一定要计算好时间差，提前还款。无论是跨行转账，还是通过异地汇款方式还款，往往需要一定的期限才能到账，因此，还款人最好提前三天左右办理。

此外，对于有附属卡的信用卡，在还款时，最好主卡和附属卡单独按照卡号分开还款，以免账款不能及时到账，造成逾期还款记录。

为了避免因持卡人疏忽造成账单逾期，持卡人最好通过关联借记卡来设定信用卡自动还款功能。关联借记卡设定成功后，银行就会在最后还款日自动从客户的借记卡账户中扣缴信用卡当月应还款项，轻松搞定还款。不过，这里需要注意的是定期核查借记卡中的金额，以免借记卡中金额不足而造成自动还款失败。如果没有该行的借记卡，也不愿意在网点排队，其实还有很多种还款方式供您选择，如采用自动存款机或电话银行转账还款等便捷方式，也不用在柜台排队即可轻松解决。通过ATM机转账、网银转账、"还款通"等方式，也是供持卡人自由选择的还款方式。网站上还为客户提供了还款方式查询服务，客户可根据自己所在城市查询并选择最适合自己的还款方式。

第三章
别因房子毁了精致生活

"房奴"是中国流行的名词之一。何为"房奴"？有人做过这样的描述：月供占到家庭月收入的50%以上。虽然圆了住房梦，但生活质量大为下降。不敢旅游，不敢下饭店，甚至不敢乘出租；休闲时间减少；担心失业、生病和银行加息。

"房奴"是如何形成的

月供比例过高，支付能力萎缩，我们就成了"房奴"。

"房奴"出现的原因是多方面的，但最根本原因是月供比例过高，支付能力大幅度萎缩。月供比是指每月归还银行贷款本息之和占家庭收入的比重，是衡量购房者还款能力和债务负担的最重要指标。

月供比过高，购房者还款负担就重，生活质量必然下降。这些年来，大多数购房者都把月供不超过月收入50%当作自己的承受能力上限。各银行也都按照这一比例来审查购房者的还款能力，甚至监管部门也据此监测和防范房贷风险。

月供不超过50%，其出处和依据我们不得而知，但恰恰就是这个

50%，使一代购房者沦为了"房奴"。如此之高的月供比，大大超过了国际惯例，也脱离了中国国情。

要想使自己不沦为"房奴"，我们在购房时一定要做全面的考虑。

1. 每月还贷额度不宜超过收入的一半

买房置业是一笔巨大的开销，特别是在房价不菲的现代都市。对处在事业起步阶段的年轻人来说，即便已经拥有一定的经济实力，贷款买房前也要慎重衡量自身的还款能力。对于购房者来说，想要在贷款购房的同时保证生活质量，月供额度同样需要依照这一指标，即月供不宜超过收入的一半。

具体到个人来说，一般月收入在 5000 元左右的首次置业者，月供不宜超过 3000 元；月收入在 8000 元左右的，月供一般控制在 4000～5000 元之间。

2. 具体的房贷方案应与个人消费习惯相匹配

包括房贷在内，个人以及家庭的整体消费中，负债比例不宜超过 50%。以北京为例，首次置业至少需要支付 30% 首付，有经济实力的购房者如果没有其他收益稳健的投资渠道，可以选择多付一些首付款，一来可以节省需要偿还的房贷本金，二来还可以节省累计的利息支出。如果有其他收益稳健的投资渠道时，建议支付置业时的最低首付，剩余的财富还需要运用到投资中。

购房前根据资金状况算好账

租房还是购房要根据个人情况来选择，
应该精精明明地算算账。

买房恐怕是人们一生当中最大的一笔消费了，居住规划也往往是家庭理财规划众多目标中最现实、最迫切的一个。对于一生中最大的房产消费，广大朋友应该在掏腰包前精精明明地算算账！

首先，受国人传统观念影响，买房意味着落地生根。然而，买房确实是人生当中的一笔大开销。从家庭理财方面讲，我们到底是该租房还是买房呢？

租房还是购房要根据每个人和家庭具体情况来选择，不能一概而论。我们单从经济的角度看，其实租房要比买房每月划算些。除了租金选择，装修和购置家具方面通常也节省了费用支出。另外，租房的灵活性大，可以根据工作地点选择房屋，不仅节省上下班的时间和交通费，而且应变性也大。有经济学家算过一笔账，还银行 20 年的借贷利息，相当于甚至高于租 20 年房的租金费用。而买房呢，虽然是一笔较大的投资，但拥有自己的房子，真正有了家的归宿感，可以根据自己的爱好装修装饰，有更多的享受。租房和购房各有利弊，要根据我们自己的实际情况综合考虑。

随着现代人投资意识的不断加强，买房也成了一种投资行为。那么，在投资房产时应该注意哪些问题呢？

我们知道，投资房子有个重要的原则是"位置，位置，还是位置"。地理位置是投资房子最关键的因素。另外，周边的配套设施、小区的综合文化物业、房屋的结构安全性也是决定保值增值的重要因素。下一步还要将目标进一步明确，比如房屋的面积、房屋的大概价格、预计的装修费、购置家电家具的费用、小区物业费，别忘了还要算算购房需要缴纳哪些税等。

很多上班族面对高涨的新房房价可能要发愁了：自己的工资刨除日常生活费已经所剩不多了，再节衣缩食地攒出一个新房，实在是心有余而力不足。其实，想拥有自己的房子，还想节约资金，买二手房也是一个很好的选择。不过二手房的投资要更注意防范风险，二手房有很多不确定性，需要花更多的精力了解清楚再投资。首先看二手房要像看一手房一样关注房子的地理位置、周边设施、小区文化物业、房子的结构。对于二手房来说房屋的质量要格外关注。看看房屋使用的时间、检查房屋天花板是否渗水、房屋管线是否老化、防水防火性能如何，这些都是需要仔细查看的。二手房由于信息不透明，卖方信用不确定，面临的风险相对较多，投资时需要我们更加谨慎。同时，二手房也会产生一些额外税费。

很多上班族都拥有住房公积金，这笔钱对于买房来说无疑是很大的"助力"。现在银行贷款品种很多，有公积金贷款、商业贷款，面对这么多的贷款方式，你可千万要擦亮眼啊！

对于单位有住房公积金的购房者而言，首先应该考虑的是公积金贷款。公积金贷款和商业贷款相比，最主要的区别是住房公积金贷款利率比商业银行住房贷款利率低，公积金贷款能够减少投资成本。申请公积金当然也有一定的限制，比如，公积金必须交满规定的时间。目前必须在工作地申请贷款，不能用于异地购房贷款。申请人年龄不能在退休临近。特别提醒借款人要根据自己公积金的缴纳情况，到银行进行测算，就可得知贷款的金额和每月还款数额。

最后，对于贷款买房的人来说，还款方式的选择也至关重要，目前常见的还款方式有等额本息还款与等额本金还款，这两种方式有什么区别，哪个更划算呢？还是需要你自己算一算。

等额还款顾名思义是借款人每月还款的总金额相同，也叫等额本息还款；等额本金还款是每月还款的本金相同，但利息逐月递减，所以每月还款的总额也逐月递减，也叫递减法。由于借款人一开始多还本金，所以越往后所占银行本金越少，因而所产生的总利息也少。如果是对于现阶段资金充裕，但未来收入不确定，或者是很有可能较早提前还款的借款人可以更多考虑等额本金法，也就是递减法。

买房有时机，别着急出手

消费者在选择购房时，要结合自身情况综合考虑，选择合适时机介入。

对于有购房需求的女性而言，购房时机的选择非常重要。很多购房者在买房时是处于信息不完全、不对称、不科学、不规范的情况之下，从而不顾时机，盲目地购房，为了避免这种情况，懂理财的女性朋友应该挑准时机再买房。

我们在做出购房决定之前，一定要对其价格、投资风险、房屋选择范围三个方面做出综合分析，看哪个阶段的投资价值最大。大部分购房者在买房时主要关注的是物业的价格，从一个物业的销售价格来看，普遍情况呈抛物线态势，但综合来看又各有优劣。怎样才能把握好购房时机呢？这是人们真正关心的话题。购房者就楼盘开盘期和尾盘期的投资价格、投资收益、投资风险以及房屋质量等四个方面，来一个开盘期对比尾盘期，通过较为客观的分析和对比，把握最适合自己的购房时机。

1. 投资权重对比：开盘期是最佳购买时间

投资房产时，需要对价格、风险和选择范围三方面综合考虑，来分析投资的可行性，这三方面必然有一个孰轻孰重的问题，每一方面的影响在投资房产中所占的比重就是我们通常所说的投资权重。既然是投资，价格因素肯定是最重要的，起码要占到60%的影响力；风险因素次之，占到25%的权重；可选择范围的影响力则占到15%。

在这里，我们将一个楼盘的"成长"分为开盘期、阶段期和尾盘期。

一套商品房，在开盘初期的价格为5200元/平方米，保险率为60%，可选择率为60%；阶段中价格为6000元/平方米，保险率为80%，可选择率为40%；尾盘期价格为5400元/平方米，保险率接近100%，可选择率为20%。

首先来看开盘期购房价格比，以尾盘期价格为标准，开盘期价格比＝尾盘期价格/开盘期价格，有了价格比就可以算出价格权重值，即价格权重值＝价格比×价格权重（60%），通过计算后得出，开盘期价格权重值为0.623；同理，可计算出开盘期的保险权重值为0.15，可选择比率权重值为0.09，即投资综合值为以上三者权重之和为0.863。同理，还可以算出其他购房时机的综合投资值，这个数值越大，购房越划算。通过计算，我们可以知道开盘期权重最大，为0.863，购房最划算，但尾盘期权重值仅次之为，0.857，阶段期权重值最小。在投资权重方面的"较量"中，开盘期算是小胜一筹。

2. 投资收益对比：尾盘期是购买最佳时间

尾盘期收益时间最快投资是必须考虑收益的，收支相比才可以准确体现投资的价值。目前对于消费者来说，投资房地产的获益方式无外乎两种，即靠出租和出售。对于同一套房屋而言，无论在何时购买其房屋品质不变，其收益的不同主要体现在时间和收益预测上。

首先，开盘期买房无论是出租或出售都要等到入住以后，才可获益，收益不能马上实现，如果采取贷款方式还要提前支付银行贷款，尾盘期则不同，支出和收益是同步的，可以立刻缓解购房贷款的压力；其次，开盘期由于对项目太多的未知，无法对其收益情况进行正确评估和预测，尾盘期则不同，房屋情况眼见为实，消费者可以对其未来收益做到了如指掌，更便于进行下一步投资计划的制定和实施。

以一套商品房为例，建筑面积为92平方米，开盘价格为5000元/平方米，尾盘期价格为5300元/平方米。下面来对比一下不同阶段购房，消费者的支出情况：假设需要贷款，采用等额本息还款法，贷款15年，银行贷款8成。

比较时间段以购买1年后为标准，将其支出做一对比：若在开盘期购房，消费者在入住前至少要提前交纳1年的银行月供，即月还款额为3008.43元/月，1年的总还款额为36101.16元，也就是说消费者在从签订购房合同到入住的1年时间内，算上首付款业主至少要支付128101.16元，而此时并无收益。

若在尾盘期购房，消费者在办理完相应的贷款手续后，业主就可以将房屋进行出租获益了。以出租的租金为 2000 元/月为例，空置期 1 月，计算如下：房屋总价为 5300×92=487600 元，首付款 487600×20%=97520 元，月还款额为 3188.28 元，而此时房屋出租 1 年的收益为 22000 元。也就是说消费者在购买尾盘期楼盘后 1 年内，算上首付款业主需支付 135779.36 元，此时 1 年的租金收益为 22000 元，即 1 年后相当于业主支出为 113779.36 元。

不言而喻，通过上面得出的结论与上面观点相吻合，即购开盘期的收益不能马上实现，购买尾盘期时支出和收益是可以同步进行的。假设以购买一年后的支出相比较，购尾盘期支出要少于开盘期时购买支出，尾盘期收益时间最快是显而易见。

3. 投资风险对比：尾盘期风险最小

投资是有风险的。对于消费者来说，在投资过程中风险问题是一定要考虑的，因为风险性的高低直接影响到投资者未来能否达到预定的收益率。因此，在投资时机选择上一定要仔细斟酌，详细分析其风险的情况。那么，商品房各阶段的投资风险有什么不同，都有哪些风险呢？

开盘期：楼盘在开盘期，有很多不确定性因素。楼盘刚刚开始结构施工，将来的房子是否和开发商所说的或者广告所宣传的一样、能否如期入住、面积有没有缩水、工程质量能否保证、天然气到底什么时候通？这一连串的未知和疑问，都需要时间去证实，此时的投资风险最大。

阶段期：楼盘处于结构阶段或竣工阶段时，尽管对工程质量情况已有所了解，交工时间也大概可以测算出，风险相对开盘期时要小很多，但此时物业管理的水平如何、社区到何时才能彻底完善、供暖、小区安全保卫工作等问题，只有在入住后才可真正了解，因此还是具有一定的风险。

尾盘期：楼盘处于尾盘期时，不论是房屋质量、物业管理、小区入住率、小区环境、安保情况都已一目了然，购房者对房屋可以有体验式感受，因此，消费者购买尾盘可以说风险几乎为零。

通过以上对比，我们可以看到不同的购房时机各有利弊，消费者在选择时一定要结合自身情况，在对以上各因素进行综合考虑对比后，选择合适时机介入。

装修，可以料好又省钱

装修房屋时精于策划，

我们就可以省下为数不少的一笔装修款。

装修房子也是一项花费不小的项目，擅长理财的女士一定要合理地规划房子的装修材料，这可以节省下一笔不小的装修费用。

一样的房子，用的材料也差不多，可有些人装修花费却比另一些人多。这多出来的花费中很大一个因素就是浪费。事实上，如果我们在装修房屋时精于策划，我们就可以省下为数不少的一笔装修款。下面的方法可以减少装修的费用。

1. 买新产品请比流行慢一拍

有些房东不买对的只买贵的。选购瓷砖，这些房东就倾向于选择牌子响亮的、广告出现频率高的、所谓最新技术的产品，丝毫不顾及自家的设计风格是否适合选用这些材料。虽然买什么样的产品是每个业主的权利，可非要和钱过不去就太傻了。其实大品牌的高端产品同样有性价比，新产品的性价比就肯定不如经典产品高，而且性能也不如经典产品稳定。

为了省钱，我们的购买行为要比流行慢一步。往往新推出的产品，不管是卫浴还是瓷砖，抑或家具，在性能、色彩等要素上肯定有技术不成熟的地方，既然选择了豪华装修就要考虑到产品使用寿命，所以等这些新产品接受实践验证以后再去选购才是明智之举。更何况，再高端的产品如果用不了多久就坏了，哪怕是终身维修，感觉也总是不舒服的。

2. 施工过程中节约用材

施工过程中怎么节约用材，当然得看施工方的手段了。一样面积的地面，计算瓷砖铺贴合理与否可能省下不少瓷砖钱。如果觉得拼拼凑凑计算太麻烦，对装修家庭而言，比较公平的办法是事先跟装修公司商定好，各项按面积算费用，比如乳胶漆实际刷了多少平方米就算多少的钱，而不是按照用料多少算钱，这种算法可以迫使装修公司节约用料。

3. 把基础装修利用起来

可以利用的基础装修有哪些？我们可以自己决定对于房子的门窗重复利用，因为原门、窗都是做好门套、窗框的，材料可能比新买的要好，就是花式过时了，其实重新上漆后这些门窗也好用的，如此一来拆除费用也省下来了。

4. 多余的材料到网上去卖

对包清工（所有建材由业主自购的一种家装模式）的装修家庭来说，采购材料的确是件麻烦事，不仅要讨价还价，还得预估采购数量，要是买多了，又得浪费一笔钱。

那么，怎样才能尽可能减少多余材料的浪费？首先自然是得在选购之前精确计算所需建材数量了。不过，要精确到没有任何浪费那是不可能的，连不少专业装修公司的预算员都要在预算清单上写"按实际计算"的字样，更不用说房东本人了。

5升的乳胶漆还剩下半桶怎么办？开封了不能退，要是可以转卖给其他人，未尝不是一种省钱的办法。如今很多家居论坛上就出现了卖多余建材的网友，他们大都是新近装修完的房东，刚装修完发现自家的电线、油漆等建材多出来，就把信息发布到网上进行交易。据了解，一些城市甚至还出现了一些实体商户，专收买装修多余的建材。

装修是个头痛的事，既要装得好又要装得省，这是需要我们精心规划和计算的，即使是最终的材料多余了，我们也可以把多余的材料再次卖出去，使自己少损失一些装修费用。

第四章
如何投资，才能减少购房风险

购房时，人们会考虑到很多的因素，比如价格、地段、交通便利程度、户型、环境、物业管理等。购房人要根据自己的购买能力，权衡利弊后做出决定。

活用公积金

让公积金最大化地转化为实实在在的财富，
体现了一个人的理财智慧。

在职人士缴纳的个人住房公积金，是一项强制缴存、统一存储、专项使用的长期住房储金，由员工和其所在单位缴存两部分构成，属于个人所有。如何用好、用活自己的公积金，并且让它最大化地转化为实实在在的财富，体现了一个人的理财能力。

很多公积金缴纳者常常认为只有向银行贷款时才能使用公积金。其实不然，公积金除用于贷款外，还可因为购房、建房、装修等事宜，将公积金这一"长期金融不动产"活用起来。如何用好、用活自己的公积金，并且让它最大化地转化为实实在在的财富，这里面有很多理财要领。

策略一：额度可灵活使用

按规定，如果夫妇双方都缴公积金，只能用其中的一个，不能双方同时使用，我们也可以灵活使用住房公积金。

王女士和他的先生都是公司的白领，准备结婚买房时设计出一个绝妙的点子：在和丈夫领结婚证前，两人先以各自的名义购买了四楼与五楼上下相邻的一室一厅的房子，这样算来可节省一大笔钱。因为两个人如果共买一套房子，只能用夫妇一个人的公积金额度10万元，而两个人分开买房子就可以各自申请10万元的公积金，可以多获得公积金贷款10万元。当两套房子全部装修好以后，他们把其中的一套以每月1600元的价格租了出去，这样又可以做到"以租养贷"，减轻了还款的压力。

策略二：组合贷款省利息

如果你申请下来的公积金贷款额度不够支付房款，可以同时办理个人住房商业贷款，这种二者相结合的贷款被称之为组合贷款。尽管同样是贷款，但商业贷款与公积金贷款的利率就相差了一大截。一笔公积金贷款可以帮你省好多钱。

策略三：公积金存款无利息税

很多人看到自己公积金账户里的钱越来越多，常常会觉得不划算：除了买房或一些特定情况下才能使用，要"套现"只有等退休，这么大笔钱不能用实在可惜。很少有人知道：钱存在公积金账户里是不收取利息税的，在目前国家规定的利率下，钱存在公积金账户里，绝对比存银行活期、零存整取1年期、整存整取1年期要合算。

根据综合情况核算购房成本

购房应该量力而行,不要盲目追求一步到位。

购房是很多家庭最大的投资,有些购房者初次置业购房时,常会紧盯房价,却忽视了地段、物业、税费以及相伴而生的其他费用,造成预算一再超支,甚至形成买得起却住不起的紧张局面。作为一个经济活动,成本最小化是一个基本前提。对于大多数人来说,购房是一笔巨大的开支。因此,在购房之前,购房人需要为自己拟订一个详细的财务计划。总体来说,购房应该量力而行,不要盲目追求一步到位,从而给自己造成沉重的财务负担。

购房者在决定购房前首先需要制定详细的购房预算,对投资进行可行性分析,充分考虑自身及家庭收入水平、现有存款额、可获得的贷款额度等各种资金来源及其他相关因素,从而正确估算自己的实际购买能力。在充分考虑自己的需求的同时研究市场行情,以便最终确定所要购买的房屋类型、面积和价位。

所谓购房成本,是指买一处房子的所有费用,包括房屋总价、各种税费、房屋维修基金、装修成本、贷款买房应偿还的贷款利息等。以下几方面是制定购房预算时应该考虑的主要内容。

1. 估量个人资产及家庭可支配收入

买房要根据需要和支付能力综合考虑，先考虑支付得起的楼宇，再考虑喜欢的楼宇，要计算一下家庭的平均月收入，包括利息收入及各种货币补贴。买房前请主要保留两部分的资金，其一是家庭的日常开支，其次是用于医疗保险及预防意外灾害的预备资金。通过仔细核查，审慎地计算出个人或家庭的净资产，这才是可随时支配的自由款项。认真计算可以保证购房者能够准确把握自身的实力和购房方向。

2. 选择适宜的房价和房屋面积

在对个人资产做完认真估量后，就要开始挑选品质好、价钱又不高的住宅了。现在，市场上可供选择的商品房众多，众多的因素使消费者感到无从人手、很难判别。购房消费者可以根据实际购买力充分参照房价的成本和市场构成因素最终决定适宜自己的房价水平。购房人在选择了适合自己消费水平的房子后，就要着重考量房间的面积、户型等因素。从房屋户型来说，应根据家庭人口的数量、房屋使用的功能以及资金实力进行选择。

现在，人们一般喜欢要"四大一小"、双卫生间、双阳台的房间，因为这样的房间更适合家人的居住，但具体选择什么样的房屋，首先应确定房屋的总建筑面积要多大。要了解一座建筑物的有效面积系数，即"得房率"。它是指建筑物内可使用面积与总建筑面积的比例，有效面积系数越大，可使用面积就越大。有效面积系数的大小，意味着购房者花同样的钱，买到房子的使用面积可能差别很大。

3. 清算购房时的各项税费

税费的缴纳在购买房产时占有相当的比重，其中比较重要的几个税项有契税、房地产交易费等。税费在房产买卖过程中占有相当重要的位置，因此了解税费项目种类及缴纳的方式对买房者来说很有必要。建议购房者在计算个人住房贷款时，最好同时计算相关的税费支出。

4. 仔细考量物业管理费用

物业管理费是指物业管理公司因提供管理及服务向业主或使用人收取的费用。物业管理公司管理服务费的高低直接与管理服务对象、内容及其业务量有关，通常按照不同档次根据住房的建筑面积以每平方米收取。商品房一旦售出之后，购房人就要开始负担一切房屋的开支，如房屋的修缮费、水费、电费、取暖费、电梯费、保安费，等等，对这些开支如果未加考虑或考虑不足，买房时就有可能造成失策。与其他费用不同，购买商品房入住后需要缴纳的物业管理费是一直伴随房子终身的，所以需要购房人在购买前了解清楚不同楼盘物业管理的收费标准，做到心中有数。

5. 细致估计自身的还款能力

国内目前住房银行贷款和公积金贷款陆续展开，这对于部分人来说购房就要考虑贷款偿还这一问题。购房者利用银行贷款购房时，要考虑银行利率的高低、银行可借贷金额、首期付款金额、分期付款的期限、每月付款额度等因素。此外，还要选择合适自己的还款方式。

6. 做好装修及维修费用预算

装修费用应与首期款一起考虑，仔细算计，同时应提前考虑适当的房屋维修款项。必需的生活设施还需要一些初装费用，如开通管道煤气、有线电视、宽带网等。另外，购置适当的家具、电器、装饰也是新居预算所必须考虑的。

仔细计算自己的购房能力是非常重要的,这样会使你理性购房,避免自己陷入财务泥潭,沦为房奴。

不追求完美,追求性价比

性价比高又具有升值潜力,
适宜家居的房子是人人梦寐以求的。

一个楼盘很难在各个方面都很完美,总会存在着某些缺憾,因此,购房人要权衡利弊后选出最划算的房子类型。

购买房子是一项大宗消费活动,这使得人们不得不考虑房子的类型。毕竟,能买到性价比高又具有升值潜力,同时又适宜家居的房子是人人梦寐以求的。新形势下,怎样的房子才适合自住,性价比较高呢?

1. 性价比才是硬道理

从前常会有人说,所买的房子,或由于小区环境好,或因为房型好,超过了周边楼盘的价格,所以价格高出同类地区、同类楼盘一截。然而,这只是物有所值,而真正的"高性价比"则是"物超所值"。

同在一个地区的不同楼盘,假如价格相等,但离地铁站、学校、医院、超市、银行等设施更近的楼盘,就属性价比更高的。所以,买房有时宁可牺牲小区人工景观、绿化率或者会所,也要追求是否便利,毕竟房屋最大的功能是居住。

2. 选择地段要折中

很多人买房时既想总价低、面积大，又想买核心地段，这其实很难实现。尤其是如今买房，选择地段时一定要懂得"折中"。

所谓"折中"，就是要放弃那些寸土寸金的核心地段，因为那里的低总价楼盘一般单价都很高。同时也要放弃那些没有多大发展潜力的偏僻地段，那里的房价固然低，但升值的空间和速度也同样值得怀疑。折中的结果就是，要用适度超前的眼光来判断，哪个区域正在快速热起来，而现在还不算太繁华，这样的区域才是目前买房的最佳选择。

3. 送面积要物超所值

不少地段好、配套优的楼盘，价格其实并不低。那么，他们凭什么吸引人们购买呢？答案就是送面积。有些楼盘，赠送面积甚至可以高达30%，按实得面积计算，事实上单价并不很高。所以，在挑选楼盘时，不要只看销售面积，还要仔细算算，你的房子送了多少面积出来？实际单价到底是多少？然后，你就可以知道，这个楼盘到底值不值得购买了。

4. 慎重考虑居家是否方便

陈女士今年45岁，一家三代在一起生活，她要买的房子，既要自己和丈夫上班方便，又要小孩上学就近，还要父母购物不走远路。居家方便，成了她买房的首选条件。

想要判断出房子居家是否方便，适不适合自己，首先要了解自己家庭的生活方式和习性，准确体察家居生活需求，然后从地理位置、交通状况、房屋面积、住宅户型、房屋质量、物业服务、周边环境等因素，选择适合家庭生活习性和需要的房子。

具体来说：以你家为中心的一公里范围内，有多少家大型超市、商场，有多少家银行的营业网点，有多少医疗机构和中小学校，交通是否方便、餐饮是否发达，甚至有没有电影院、健身场所等休闲文化设施。如此种种，关系到你日后生活的便利，不得不慎重考虑。

5. 升值潜力是永恒主题

无论是不是自住，都要考虑到房子的升值潜力。房子的升值潜力主要取决于其所在区域的发展性，一是区域内的商业发展，如是否位于商圈或位于商圈的辐射区，是否有大型商业设施或商业设施的建设规划；二是区域内的交通发展，是否有交通设施的建设规划，如高速路、公交枢纽、地铁站等；三是区域内的商务发展，是否有写字楼群的进驻；四是区域内的环境发展，环境景观的改善对房产价值会有一定提升，如大型绿地、公园、河道水系的改造或新建，等等。

月供族巧妙应对贷款利率上调

对于贷款利率上调，其实也没必要谈"贷"色变。

对不少购房者来说，当房贷利率调高以后，首先要面对的就是加息后房贷利息支出的增加，很多消费者在获悉加息的第一反应就是提前还贷。在具体还贷时，还应该根据自身经济情况选择相应的还款方式。

假如一位消费者在今年3月17日前购买了一套商品房，到目前为止按揭贷款还款额还剩78.4万元，贷款期限为20年。最近打算将持有的48.4万元的闲置资金用于提前还贷，再将剩余的30万元整数按揭。

以"等额本金还款法"和"等额本息还款法"两种还贷方式为例，如果采用等额本金还款法，20年的总利息支出为190088.75元，月供2000元左右（1250元的等额本金加上浮动的利息），如果不提前还贷，利息总支出为496765.27元，每月还款在5336元左右，也就是说提前还贷每月可减少利息支出3336.33元。

如果采取等额本息还款方式，可以有以下四种方案选择。

方案1：月供最少，利息最多

即保持20年还款期限不变，月供减少3244.23元，现每月需还款

2065.02元，但这种方式的利息最高，累计达到195603.74元。

方案2：月供较少，利息支付较多

将还款期限缩短至10年，每月的还款额将达到3256.98元，比提前还贷前减少2052.27元，但比20年还款期限的月供多1191.96元，此时利息共计90822.3元，比20年期少支付104781.43元。这种方式月还款额和贷款年限都减少了，月供相对较少，但利息支付相对较多。

方案3：月供较高，利息节省较多

如果按提前还贷前的每月5309.25元计算，只需6年半时间还清，总计利息57581.64元。这种方式月供相对较高，但由于缩短了贷款年限，利息比20年期少136022.1元，比10年期少33240.67元。

方案4：月供最高，利息节省最多

如果将还款期限缩短至5年，月还款额增加388.61元至5697.86元，这种方式的利息只有41871.96元。

事实上，对于贷款利率上调，也没必要谈"贷"色变，毕竟上调幅度所增加的还款负担是有限的。因此，完全可以根据自己的情况适当调整打理家财的思路，灵活利用银行推出的贷款新政策应对贷款利息上调。

首先，"固定房贷利率"，就是与银行约定一个固定利率和期限，在约定期限内，不管央行的基准利率或市场利率如何调整，消费者的贷款利率都不会"随行就市"。

其次，新贷款可以采用"双周供"，老贷款也可以把"月供"改"双周供"，但手续上会相对麻烦一些。

另外，还可以选用"净息还款法"，这种还款法在发达国家较为普遍，主要是指贷款后只需按月支付贷款利息，而贷款本金可等贷款到期后一次性偿还，也可在贷款期内根据个人资金变化情况随时分次偿还。这无疑会大大减轻贷款期内的还款压力，非常适合那些未来预期收入较高的贷款人。至于"宽限期还款法"就是给贷款人一个偿还本金的暂缓期，其优势是可以减轻贷款之初的还贷压力，从而减少按揭贷款对生活带来的影响，特别是在利率上调、贷款人负担相对较重的情况下，采用宽限期还款法会使家庭生活更加从容。

另外，办理住房贷款按照先公积金贷款后商业贷款的原则可以相应减轻利息负担。

购房时如何有效砍价

砍价要根据市场的变化来确定，并要在砍价前做好准备工作。

购房者买房时进行砍价首先要根据市场的变化来确定砍价是否能付诸实践，再者也要在砍价前做好准备工作，同时砍价时也要因人而异。

当市场处于调整阶段，对购房者来说更为有利，因此讨价还价可能性大大增加。当房价处于上涨阶段，卖家掌握主动权，因此即使是买家有讨价还价的想法，也很难付诸实践。当行情发生改变之后，买家的市场地位上升，他们的想法也得到了应有的重视，但购房砍价，也需要提前做一些准备,这样才能在砍价过程中做到应付自如。

1. 了解卖家出售房产的真实目的

如果是通过中介公司购房,买家一般可以通过房产经纪人来了解卖家出售房产的真实目的,以便初步确定砍价的可能性有多大。

2. 了解卖家拥有物业的年限

这样做的目的主要是为了确定卖家购进物业的时间,并以此来估算物业价格涨幅的大小,进而确定砍价幅度。相对来说,如果价格上涨幅度越大,则越能接受砍价的要求。

3. 确定合适的砍价幅度

这对买家来说尤为重要,不能太低,也不能太高,太低对自己不利,太高会遭到卖家的断然拒绝,只有合适的砍价幅度,才能让自己满意,也能让卖家接受。当然,在报出砍价幅度时,应该略大于合理的水平,然后慢慢做出让步,直至双方都接受。

4. 准备足够多的现金

之所以要如此,是因为有些卖家接受降价的前提条件就是现金交易,备足现金的话,谈判成功的可能性大增。

虽然购房可砍价,但是为了保证砍价成功的概率,购房者还是要分清对象,最为主要的还是要结合市场变化。由于卖家心态的不同,因此有些人愿意与买家议价,而有些人则仍然对后市抱有乐观态度,不愿意与买家议价。因此对于买家来说,砍价要因人而异。

要做到因人而异最主要的是在购房之前先了解清楚卖家出售房产的目的，并根据房源特点来制定相应的砍价策略。就目前的普遍情况而言，小面积的普通住宅容易砍价，而中高档价位的物业则不太可能降价。